漢書藝文志講疏

〔漢〕班固○編撰

顧實○講疏

上海古籍出版社

圖書在版編目(CIP)數據

漢書藝文志講疏/(漢)班固撰;顧實講疏.--上海:上海古籍出版社,2023.9（2025.2 重印）
ISBN 978-7-5732-0849-1

Ⅰ.①漢… Ⅱ.①班… ②顧… Ⅲ.①《漢書藝文志》-研究 Ⅳ.①Z812.342

中國國家版本館 CIP 數據核字(2023)第 170699 號

漢書藝文志講疏

【漢】班固 撰

顧實 講疏

上海古籍出版社出版發行
（上海市閔行區號景路 159 弄 1-5 號 A 座 5F 郵政編碼 201101）
(1) 網址：www.guji.com.cn
(2) E-mail：guji1@guji.com.cn
(3) 易文網網址：www.ewen.co
浙江臨安曙光印務有限公司印刷
開本 787×1092 1/32 印張 9.625 插頁 3 字數 185,000
2023 年 9 月第 1 版 2025 年 2 月第 3 次印刷
ISBN 978-7-5732-0849-1
K・3454 定價：58.00 元
如有質量問題，請與承印公司聯繫

出版説明

班固漢書藝文志師襲劉歆七略，按六略三十八種門類，綜録先秦至西漢著述，共收五百九十六家，相當於五百九十六部書。一萬三千二百六十九篇，包括哲學、史學、文學、政治、經濟、法律、軍事、天文、曆法、占卜星相以及醫學衛生書籍。每種之後有小序，每略之後有總序，對學術原委、是非得失和類名意義，都作了簡要評述。這就從縱横兩個方面記載了當時文化狀況。唐宋間，七略亡佚，漢志就成爲中國目録學的開端，存世的第一部古典目録要籍，同時也是步入古代文化遺産寶庫的重要階梯，因此受到學者們的重視。清代經學家金榜明確指出：「不通漢藝文志，不可讀天下書。藝文志者，學問之眉目，著述之門户也。」足證班志在學術上享有特殊地位。自宋王應麟以下，或爲考證，或作註解。近世學者顧實有感於前人之不足，從學術史角度出發，特撰漢書藝文志講疏，以期「辨章學術，考鏡源流」。

講疏除評介作者生平、書籍性質、漢志體例外，還包括其他一些内容。經學是封建學術的核心，在漢代處於變化發展緊要階段。班氏首列六藝略收録經書，作爲漢志的重點。從西漢開始，經書本子有今、古文之分，學説有今、古文家之别，由此産生的紛争，左右着千百年經學的整理、研究，影響衆多學科。本書就前者的來源、流傳、演變，後者的派別、授受、流變、争論、是非，條分縷析，旁徵博引，參以己見，將學術史上這些關鍵而又複雜的問題考辨得比較清楚，使每部經書的來龍去脈清晰地顯示出來。此其一。先秦作品，雖署撰名，實多非一時一人之作，而是歷時長久，出於衆手，集一家之説有之，撮諸家之語有之。經書、子書以及其他書大多如此。諸子略所收近二百家書尤爲突出，所以，漢志説某書是某家學説，其内容却常常駁雜不純。疏文講每書要旨，凡此必加剖析。學説源於何處，有何變異；該書是弟子、賓客、子孫相續撰定，還是摻雜他家之説或雜取衆書而成，皆一一指出，以明流别。此其二。上古典籍，經時既久，又遭戰亂，大半散失，班志收録書六百家左右，現存者包括殘缺疑僞在内，不過近百家而已。其間情況複雜，有的幾經變更，已非原本；有的綴合而成，真僞雜陳；有的冒名依托，名存實亡，不一而足，作者悉予辨析。亡殘的書，何時亡殘，亦加考訂。逸篇逸文，名稱、出處、輯本，盡量列舉；材料貧乏的佚書，有關其内容、撰人記載，雖片言隻語，也多方搜羅，以資參考。此其三。對後世研究著作，摘要附録，簡評優劣，以便博覽。此其四。又古代一人一書，往往有數名數稱，其中某些字實屬通假關係，不明此中道理，則誤以爲他人他書。顧氏長於文字音韻，遇此常加訓釋。至於同名非同書者，全都説明。由此可知講疏一方面着重學術上「考鏡源流」，另方面又注意目録版本學上具體問題，超越以往考證諸作，對閲讀古籍、研究目録學、探討古代學術文化均有裨益，在學術和資料上自有其一定價值和功用，故長期以來人們樂於使用，顯然非現行同類書所能代替。

應當指出，本書是六十年前的一部著作，在立場、觀點、方法上，都有值得商榷的地方，如對儒家思想大加推崇，評價經今文家失之偏頗即是，希望讀者注意。

講疏由商務印書館於一九二四年初版，一九三三年新一版有少許修改。惜校刻不精，文字脱誤達二百處左右，其中以引文及出處最爲嚴重，標點訛錯亦常見。此次出版，重新進行了整理；至於引文或摘録或改寫者，不予補改。另附新編漢書藝文志書名作者索引。

作者顧實（一八七八——一九五六），字惕生，常州人。古文字學家，執教南北各大學多年。其著作除説文解字詁林收録者外，尚有中國文字學、六書解詁及其釋例、説文解字部首講疏、穆天子西征傳講疏等。

上海古籍出版社

一九八四年三月

目録

自序

清儒金榜曰：「不通漢藝文志，不可以讀天下書。藝文志者，學問之眉目，著述之門户也。」王鳴盛十七史商榷二十二引。信哉，金氏禮學卓卓，故能爲此言也。天下者，指中國一家而言，非今之所謂員輿之天下也。然不通漢藝文志，誠不可以讀天下書，而不讀天下書，亦不可以通漢藝文志。王鳴盛曰：「自唐高宗、武后以下，詞藻繁興，經業遂以凋喪。宋以道學矯之，義理雖明，而古書則愈無人讀矣。」王應麟漢藝文志考證十卷，亦限於時風衆勢，遂致所考漢人傳經源流，未能明析。同上十七史商榷。此就六藝而言，已足徵前人之違失，而漢藝文志所述，不僅六藝已也。夫有讀一二書者之言，有讀千萬書者之言，有讀書而未嘗讀書者之言，其曲彌高，其和彌寡，故言之者難，而聽之者爲尤難也。此自古聞人學者，所以猶多不免譁衆取寵之誚也。

夫中國古史茫昧，曩嘗欲撰上古史，而徵信於先秦群籍，尋其自然之證跡，而不敢穿鑿也。久之，乃得。孔子曰：「五帝用記，三王用度。」大戴禮五帝德篇。莊子曰：「其明而在數度者，舊法世傳之史，尚多有之。」天下篇。荀子曰：「循法則度量刑辟圖籍，不知其義，謹守其數，慎不敢損益也。父子相傳，以持王公。是故三代雖亡，治法猶存，是官人百吏之所以取禄秩也。」榮辱篇。又曰：「五帝之外無傳人，非無賢人也，久故也。五帝之中無傳政，非無善政也，久故也。禹湯有傳政，不若周之察也，非無善政也，久故也。傳者久則論略，近則論詳。」非相篇。又曰：「道過三代謂之蕩。」儒效篇。案列子楊朱篇曰：「太古之事滅矣，孰誌之哉。三皇之事，若存若亡。五帝之事，若覺若夢。三皇之事，或隱或顯，億不識一。」此列子本魏王弼之徒所僞造，足以代表魏晉浮蕩，無歷史無生命之思想，正五胡十六國雲擾中原之先驅。嗚呼！然後知三哲所言從同，而荀子之説爲尤詳。然後知周官外史掌三皇五帝之書，不掌之内史而掌之外史，此周人之内三代而外三皇五帝，有以也。何以乎爾？則所謂「殷因於夏禮，所損益，可知也。周因於殷禮，所損益，可知也」。三代之王朝雖亡，而三代世官之守猶存，故内之而因成法也。三皇五帝不然，王朝既亡，并無世官之守，故外之而存治化也。左昭十七年傳：「郯子來朝，猶知少昊世官。」蓋猶今日本有存中國舊物矣。遂人、伏羲、神農爲三皇，黄帝、顓頊、帝嚳、堯、舜爲五帝，此推定三五，當別論。以莊、荀言世傳而益明也。三皇有世傳之政，五帝有世傳之人，三皇僅有世傳之書而已。蓋傳政有官守，傳人有師法，傳書則二者皆無，僅有若漢氏之逸書、逸禮，藏諸故府而已。

太古帝京，咸宅丘陵。唐虞之隆，伯夷惟史，大戴禮誥志篇。是洪水之災，不足喪其故籍。中國洪水，非西教所説之洪水。或以彼解此，則郢書而燕説矣。夏將亡而太史終古出其圖法奔商，殷將亡而內史向摯載其圖法之周，呂覽先識篇。是夏商之亡，亦不足喪其故籍。惟周人施教，詩、書、禮、樂，官府所守，三代是囿。三五先典，秘在柱下，惟史氏則習之。故周衰而黄老之術大盛，明周之柱下史老聃傳黄帝道經，故曰黄老也。遂人、伏羲、神農之言，亦時見百家稱引，則均之史氏所流傳也。孟子私淑諸人，未得爲孔子徒，故但知諸侯皆去其籍，而聞其略，其言甚粗略。孔子本老聃之徒，傳其文學於子夏，傳易於商瞿。子夏傳詩，五傳而及荀子。商瞿傳易，再傳而及荀子。孔子作春秋，左丘明爲作傳，丘明又六傳而及荀子。故荀子於學最邃，於孔子之傳最真，是以其書詳於詩、書、禮、樂、易、春秋，復稱引道經、解蔽篇。黄帝金人銘，太平御覽三百九十引孫卿子，又五百九十引家語，孔子觀金人節，注云「孫卿子、説苑又載也」。皆可爲荀子書有黄帝金人銘，而今本脱佚之證。則其稱五帝三代之傳人傳政，必確信無疑，而況夫其與孔子、莊子之言，初無二致哉。由是而斷言之，則周季學者有傳孔子之六藝者，有傳神農、黄帝之書者，皆非無自，而不可偏擯者明也。其有互相攻擊者，必其不該不徧，有所未習，或傳聞異辭，遂致紛歧也。

尸子、呂覽雜議之書，平視百學，規模遠矣。秦火而後，漢至文、景之世，儒業猶未起，賈誼、新書修政語上篇。鼂錯漢書食貨志載其貴粟書。不諱誦述神農、黄帝、顓頊、帝嚳遺語，尸、呂之風，猶未沫也。武帝建元元年，親策賢良，董仲舒對：「請諸不在六藝之科、孔子之術者，皆絶其道，勿使並進。」由是抑黜百家，推明孔氏，樹之風聲，幡然丕變。淮南王本好浮詞之紈袴也，其著淮南内篇曰：「世俗之人，多尊古而賤今，故爲道者，必託於神農、黄帝而後入説。」修務訓。司馬遷，家世史官也，不敢目曰依託。其作史記，一則曰：「神農以前，吾不知已。」貨殖傳。再則曰：「百家言黄帝，其文不雅馴，擇其言尤雅者，故著爲本紀。」五帝本紀。三則曰：「學者考信於六藝，虞、夏之文，可知也。」伯夷傳。甚矣！其爲譁衆取寵也。然而揚雄猶以爲未足也，故其著法言，稱：「或曰淮南、太史公者，其多知與，曷其雜也？曰雜乎雜。」問神篇。又曰：「好書而不要諸仲尼，書肆也。好説而不要諸仲尼，説鈴也。」吾子篇。蓋武帝初崇儒術，標格猶寬，至西京末葉，成、哀之世，儒益酷急，屏異己尤甚。若以追比夫荀子，去儒術之全，益遠矣。

當是時，劉向、歆父子校理秘籍，向撰敘録、别録，歆奏定七略，其崇儒與揚雄適相頡頏。及班固作漢書，亦曰：「唐虞以前，雖有遺文，其語不經。」司馬遷傳贊。故志藝文，原本七略。此吾人今日讀漢藝文志，所不能不有歉焉不滿者也。雖然清儒考證之學，上凌姬、漢，僞枚本古文尚書已暴白於天下，而無可疑義。嘉道之際，吾鄉莊存與、劉逢禄復唱常州今文之學，末流龔自珍、魏源之徒，承風簧鼓，誑惑後進，至今猶流毒未熄。而試一審漢藝文志，則今古之傳，犂然秩然，晚近之説，豈堪一噱。此又吾人今日讀漢藝文志，而有所不覺爽然大快者也。

要之，治歷史之法，有一字要訣，曰如，如其原來而不加穿鑿。以孔莊荀三哲之言，而知上古有世傳之史，循是而正漢藝文志，則漢儒無所逃其褊衷。以漢藝文志而正漢氏迄今爭今古文者之謬，則妄人無所逞其淫辭，所謂本正而末自理者是已。

王氏漢藝文志考證，固爲專書，此外則如齊召南漢書考證、沈欽韓漢書疏證、王先謙漢書補注，咸遞加而有進。然讀天下之書，而後能通漢藝文志者，猶未盡也。余復爲此疏，乃當前人搜羅剔刮，既精既詳之餘，而復有所搜羅剔刮，終以不可盡載，則約而存之，爲成學治國故者要删焉。書成兼旬，宜多漏略，補綴求備，俟諸異日。中華民國十年秋初，序於南京高等師範學校之六朝松下，武進顧實。

荀悅曰：「仲尼作經，本一而已，古今文不同，而皆自謂真本。經古先師，義一而已，異家別說不同，而皆自謂古今。」申鑒時事篇。案末句有誤。然實則因文字之今古，而後生義説之今古，故尤以文字之今古爲本也。夫六藝經傳百家之書，原始皆古文也。故爾雅在古文禮記中，其釋經之異文，詳陳玉澍爾雅釋例。說者謂今古文並釋也。豈知爾雅及其所釋者，原始均皆古文哉。自秦始皇二十六年，書同文字，三十四年燒書，以古非今者族，而古文今文之別始興焉。且秦博士七十人，漢文帝時博士亦七十餘人，正承秦制之證。武帝黜百家博士，獨留五經博士，後增而爲十四博士，後漢書儒林傳。此所以終漢之世，立於學官者，皆今文博士，承秦故也。

武帝本不好樸學，漢書儒林傳。尊儒徒名而已。宣帝好刑名，以王霸雜用。故武宣之世，儒書不得盡顯者宜也。乃成帝精於詩書，觀覽古文。命劉向、歆父子校理秘書，又賜班斿秘書之副。時書不布，東平思王以叔父求太史公諸子書，而漢廷不許。斿獨得賜副者，班婕好之兄弟故也。斿之子曰嗣，侄曰彪。彪之子曰固，女曰昭。彪與嗣共遊學，家有賜書，好古之士，自遠方至，父黨揚子雲以下，莫不造門。漢書敘傳。是班氏之門庭，尤古文之淵藪。故其後彪、固、昭父子兄妹撰漢書，咸采用古文。彪撰成帝紀贊曰：「臣之姑充後宮，爲婕好，父子昆弟侍帷幄，數爲臣言成帝博覽古今。」而固作律曆、藝文二志，遂純取諸劉歆成書，誠以家學淵源，篤信歆之學識爲不可没也。然則妄人盲談瞽説，動謂古文爲劉歆僞造，豈不有類於吠影吠聲者哉。民國十一年夏顧實再記。

例言

一、漢志原文，依官本及王氏補注本。稍有一二，擇從義長，不加注别，以省煩累。

二、劉向别録、亦稱七略别録。劉歆七略，班志所本。原書久佚，散見群籍稱引，擇要采録，以明淵源。

三、本志在漢書中，凡涉漢書，如漢書儒林，但稱儒林傳。作者有傳，但在當人條下，各稱本傳。

四、每書首釋存、亡、殘、疑，俾可一覽而瞭。存者篇帙未虧，亡者原書已湮。殘者流傳有自，無間多寡。疑者論證未定，以俟博考。其他辨訂，率憑理據，無取空談。

五、六藝百家之書，大都别家而不别人。蓋其師徒授受，述作不必一手，而實出自一家，故如管子、孟子，即管氏、孟氏之家言。本志每略每種結末，率標若干家，其義自瞭。袁山松後漢續志猶爾。晋中經簿始不曰家，俱見廣弘明集。爾後書志，率標一人之作。漢詁久湮，近世淺人，或更繩以出版營利之品，益不容辨矣。

六、世言諸子不專一家者，本志有互著之法。然以禮記之明堂陰陽與明堂陰陽説不同書例之，則道家之伊尹、鬻子，與小説家之伊尹説、鬻子説，不同書明矣。更以天文之漢日旁氣行事占驗三卷與漢日旁氣行占驗十三卷，五行之羡門式法二十卷，與羡門式二十卷，俱同書名僅差一字，説詳數術略。而不同書例之，則六藝有易，數術有周易；儒家有景子、公孫尼子、孟子，而雜家有公孫尼，兵家亦有景子、孟子；道家有力牧、孫子，兵家亦有力牧、孫子；儒家有李克、王孫子，法家有李子、商君，而兵家亦有李子、王孫、公孫鞅；從横家有龐煖，兵家亦有龐煖；雜家有由余、伍子胥、尉繚、吴子，而兵家亦有繇敘、伍子胥、尉繚、吴起，小説家有師曠，兵家亦有師曠；或有註可辨，如孫子。或無註可辨，如孟子。要皆雖同書名而不必同書，又明矣。且班注有省重篇之例，曷爲不出於省，何必互著耶？故互著一説，未敢苟同。

七、本志自多可議之處，最著者莫如序次。班氏於道家列子、公子牟，注云「先莊子」，而莊子轉次在前，於陰陽家閭丘子注云「在南公前」，將鉅子注云「先南公」，而南公亦次前，法家慎子注云「先申韓」，而申子在前。此外墨家之隨巢、胡非皆墨子弟子，我子爲墨學，更後於隨巢二家，而墨子書反殿諸家之末。道家之老萊子在田子後，鄭長者在郎中嬰齊之後，陰陽家之騶奭子在張蒼之後，名家之毛公在黄公之後。豈以原本七略依據漢廷得書先後耶？抑班氏固爲未成之書耶？

八、其次尚有種種。如諸子略省重篇，班固自注省伊伊、太公、管子、孫卿子、鶡冠子、蘇子、蒯通、陸賈、淮南王書及墨子重，甚明。而六藝略不省。記百三十一篇、内有爾雅、孔子三朝記、明堂陰陽，而又別出明堂陰陽三十三篇、孔子三朝記七篇、爾雅三卷二十篇，則爲重篇；至弟子職一篇，亦即諸子略管子書中之重篇，豈以尊儒者六藝之故，而得不省耶？又如連山、歸藏、焦贛易林、劉歆洪範五行傳五行志。鍾律書、律曆志。轅固齊詩内外傳、叔孫通漢儀、十二篇，見後漢書曹褒傳。班固所親上。嚴彭祖公羊春秋、隋志。劉向劉歆衛衡後漢書班彪傳注作陽城衡，疑即論衡超奇篇之陽城子長。揚雄續太史公、犍爲舍人爾雅注，釋文敘録。當屬六藝略者；甘氏經、石氏經、夏氏日月傳、星傳，天文志。劉歆三統歷，律曆志。當屬數術略者，大都班氏所親見之書，而概不新入。揆以七經有緯，至東漢始入秘府，故不著録，則班氏不新入此類諸書者，亦豈以其終西京之世，不爲中秘所藏故耶？漢書終王莽傳，蓋揚雄、杜林書，莽世曾入中秘，故本志咸新入之歟。且董仲舒春秋繁露、尹更始穀梁章句，本志俱無明文。而楚辭舊題劉向集，東方朔傳稱向録朔賦，別録有燕丹子一書，孫星衍燕丹子敘。本志出七略，故俱無之。至蘇子即鬼谷子，當亦出別録、七略之異名。姑舉數事於此，以發本志之蒙。

九、又次，司馬遷曰：「漢興，蕭何次律令，韓信申軍法，張蒼爲章程，叔孫通定禮儀，則文學彬彬稍進，詩書往往間出矣。」今據本志云：「漢興，張良、韓信序次兵法，凡百八十二家，删取要用，定著三十五家。」然則漢氏最初校書者，爲蕭何、韓信、張蒼、叔孫通輩耶？僅兵書入中秘，而餘俱不入中秘耶？誌之，以俟博考。蕭、韓校書而詩書間出，向、歆校書而肇有書肆，成一正比例。

十、本書參考書以王應麟本志考證、齊召南漢書考證、錢大昭漢書辨疑、朱一新漢書管見、周壽昌漢書注校補、沈欽韓漢書疏證、王先謙漢書補注爲主，旁及近人姚明煇漢書藝文志注解、孫德謙漢書藝文志舉例、薛祥綏七略疏證、許本裕漢書藝文志箋，惟薛許書僅見國故登載無多，未見其全。此外參考書，多不勝載。如有擇録，悉注出處，不盜人善，自見己旨。

十一、本書爲舊稱目録學之根本要書，故未將班志原文删節，顔注附行既久，亦未割愛，一可覘吾族文化之初量，又一冀於治史縝密之思慮，有裨萬一云爾。

漢書藝文志講疏

東漢班固字孟堅，踵父彪成書，撰漢書百二十卷。藝文志者，漢書十志之一也。藝，六藝也。孔子曰：「六藝之於治，一也。」史記滑稽傳引。司馬遷曰：「中國言六藝者，折中於夫子。」孔子世家贊。賈誼曰：「詩、書、易、春秋、禮、樂六者之術，謂之六藝。」新書六術篇。鄭玄作六藝論。文，文學也。論語曰：「文學，子游、子夏。」秦李斯請悉燒諸有文學詩書百家語。史記李斯傳。故藝文者，兼賅六藝百家之名也。

一　序

昔仲尼沒而微言絶，○李奇曰：「隱微不顯之言也。」師古曰：「精微要妙之言耳。」七十子喪而大義乖，○師古曰：「七十子，謂弟子達者七十二人。舉其成數，故言七十。」故春秋分爲五，○韋昭曰：「謂左氏、公羊、穀梁、鄒氏、夾氏也。」詩分爲四，○韋昭曰：「謂毛氏、齊、魯、韓。」易有數家之傳。

此漢家尊儒之言也。造端乎武帝罷黜百家，表彰六經。本書武紀。大成於成哀二帝，命劉向、歆父子校理秘文，奏定七略，範圍方策而不過。班固撰史，用志藝文，尊儒大典，遂冠百代。今七略久佚，幸藉此志。劉歆移太常博士書曰：「夫子没而微言絶，七十子終而大義乖。」故班志亦云然也。七十子者，或言七十，本書三見，本志及劉歆傳、儒林傳。又見呂氏春秋遇合篇、淮南子要略訓、史記伯夷列傳、趙岐孟子題辭。或言七十二，見史記孔子世家、後漢書蔡邕傳、顏氏家訓誡兵篇。或言七十七。見本書地理志、史記仲尼弟子列傳。蓋七十七爲確數，餘皆隨文便舉之數歟。百家之文，亦稱微言。韓非子五蠹篇曰：「所謂智者微妙之言也，上智之所難知也。」後漢書楚王英傳曰：「誦黄老之微言。」又呂氏春秋精論篇、淮南子道應訓，皆載白公與孔子微言事。史記田完世家亦有淳于髡與鄒衍微言事。皆可爲證。蓋其意恒在言外，故微妙難知也。論語讖曰：「子夏六十四人共撰仲尼微言。」崇爵讖。然則仲尼微言，論語即是。仲尼久殁，難再續記，故云絶矣。大義乖而不絶，故春秋、詩、易咸四分五裂，詳後及儒林傳。隋書曰：「猶以去聖既遠，經籍散佚，簡札錯亂，傳説紕謬，遂使書分爲二，詩分爲三，論語有齊魯之殊，春秋有數家之傳。」經籍志。此又行文便辭，非稽核之談矣。

戰國從衡，真僞分争，◯師古曰：「從音子容反。」諸子之言，紛然殽亂。◯師古曰：「殽，雜也。」

此排擯百家之言也。劉歆曰：「重遭戰國，棄籩豆之禮，理軍旅之陳，孔子之道抑，孫吴之術興。」移太常博士書。阮孝緒曰：「逮於戰國，殊俗異政，百家競起，九流互作。」七録序，見廣宏明集。故或謂諸子爲七十子者，非也。戰國諸子分立，略見荀子非十二子篇、莊子天下篇。莊子詆孔丘爲魯國之巧僞人，盜跖篇。韓非子訟儒墨必堯舜之道於三千歲之前，非愚即誣。顯學篇。此道家、法家與儒墨争真僞也。荀子詆子思、孟子案往舊造説。非十二子篇。此儒家與儒家争真僞也。大抵周官外史掌三皇五帝之書，周人内三代而外三皇五帝。儒墨崇三代，百家言黄帝，史記五帝本紀。史起五帝，咸有故籍，真僞分争，未易衡論。雜家吕覽、尸子開卷而道儒之説雜然並陳，荀卿亦稱道經。其略標百學平等之風乎？賈誼、鼂錯生於漢初，立言猶爾，流聲未墜。武帝初載，既標崇儒之幟。於是淮南著書曰：「爲道必託之於神農、黄帝而後入説。」修務訓。司馬遷撰史曰：「百家言黄帝其文不雅馴，薦紳先生難言之。」揚雄者，漢氏之新聖，拘牽儒言，幾若衛其教宗，而一屏百家爲外道，故作法言曰：「欲讎僞者必假真。」重黎篇。又曰：「衆言淆亂，則折諸聖。」吾子篇。劉向、歆父子以宗室之親，受命校書；班固以世臣之誼，奉詔撰史，咸立於欽定國學之下，允宜有若後世官書一面之詞。故六藝不言真僞，而諸子往往言依託，非古矣。由今觀之，則漢氏一政府之説，其説猶争真王僞朝。正未足以範圍百代而不易，惟其校定册籍，區分流略，俾後之人有可推尋，用以揚搉古今，猶爲裨益來學於無窮耳。

至秦患之，乃燔滅文章，以愚黔首。○師古曰：「燔，燒也。秦謂人爲黔首，言其頭黑也。燔音扶元反。黔音其炎反，又音琴。」

秦燔書，始商鞅，韓非子曰：「商君教秦孝公燔詩書而明法令」和氏篇。是也。其後秦賴客卿，殄滅六國。呂覽著書，斯諫逐客，舊法不行。始皇三十四年，天下一統，博士論辨於杯酒之間，遂重興焚書之獄，較昔之禍及於一國者，而更禍及天下焉。司馬遷兩記其事，一則曰：李斯「請史官非秦記皆燒之。非博士官所職，敢有藏詩、書、百家語者，悉詣守、尉雜燒之。有敢偶語詩書者棄市。以古非今者族。吏見知不舉者與同罪。令下三十日不燒，黥爲城旦。所不去者，醫藥卜筮種樹之書。若欲有學法令，以吏爲師。制曰可。」史記始皇本紀。再則曰：「李斯『請諸有文學、詩、書、百家語者，蠲除去之。令到滿三十日弗去，黥爲城旦。所不去者醫學卜筮種樹之書。若有欲學者，以吏爲師。』始皇可其議，收去詩、書、百家之語，以愚百姓，使天下無以古非今。明法度、定律令，皆以始皇起。同文書。」李斯傳。記之可謂詳矣。「史官非秦記皆燒之，非博士官所職，敢有藏詩、書、百家語者，悉詣守、尉雜燒之」者，史官掌焚書。非秦紀燒，秦紀不燒，可知也；非博士官所職之詩、書、百家語燒，博士官所職者不燒，可知也。故司馬遷又言：「秦既得意，燒天下詩、書、諸侯史記尤甚。詩、書所以復出者，多藏人家。而史記獨藏周室，以故滅。

獨有秦記又不載年月，其文略不具。」史記六國表。紀、記古字通。此足明非秦紀燒，秦紀不燒之事實彰彰也。而詩書所以復出，多藏人家者，明博士官不能在秦廷藏詩、書、百家語也。考博士伏生因秦焚書，壁藏尚書。史、漢儒林傳。案此與孔壁古文同一私自秘藏，非秦廷所許。陳勝起山東，二世召博士諸生三十餘人前，博士諸生曰：「人臣無將，將即反，罪死無赦。」史記叔孫通傳。案「君親無將」句，見公羊莊三十二年傳。公羊口説，至漢景帝時，始著竹帛。不敢言春秋之義也，此非雖博士亦不得在秦廷藏古文書及稱道六藝之明證哉。故曰：「秦剗滅古文。」揚雄劇秦美新。蓋燒書本因博士爭議而起，博士得此酷遇，亦固其所。惟始皇又使博士爲仙真人詩，及夢與海神戰，而問占夢博士。三十六年。博士黄疵著黄公四篇，名家言也。本志。是博士所職者如是，而仍與非秦紀燒、秦紀不燒之法令一貫也。至燒書令「無以古非今」，今文、古文之名，即由此起。始皇二十六年，書同文字，三十四年，再申書同文之令，天下盡用今文，已無可疑。故劉歆曰：「陵夷至於暴秦，焚經書，殺儒士，設挾書之法，行是古之罪，道術由此遂滅。」移太常博士書。然而妄人猶謂「秦博士書不燒，六藝不闕，古文盡出劉歆僞造」。噫！盲談瞽説，亦復何責。

漢興，改秦之敗，大收篇籍，廣開獻書之路。

此漢人自崇本朝之言也。司馬遷曰：「秦撥去古文，焚滅詩書，故明堂石室金匱玉版圖籍散亂。於是漢興，蕭何次律令，韓信申軍法，張蒼爲章程，叔孫通定禮儀，則文學彬彬稍進，詩書往往間出矣。」史記自序。劉歆曰：「漢興，時獨有一叔孫通略定禮儀，天下唯有易，未有他書。至孝惠之世，除挾書之律。至孝文皇帝，始使掌故鼂錯從伏生受尚書。尚書初出於屋壁，朽折散絶。今其書具在，時師傳讀而已。詩始萌芽。天下衆書往往頗出，皆諸子傳説猶廣立於學官，爲置博士。在漢朝之儒，唯賈生而已。」移太常博士書。由此觀之。班志曰：「大收篇籍，廣開獻書之路。」未盡然也。齊召南曰：「此二句指高祖時蕭何收秦圖籍，史記蕭相國世家曰：「沛公至咸陽，何獨先入，收秦丞相、御史律令書藏之。」楚元王學詩，漢書楚元王傳曰：「楚元王交好書，多材藝。少時嘗與穆生、白生、申公俱受詩於浮邱伯。」惠帝時除挾書之令，惠帝紀曰，四年三月皇帝冠，赦天下，除挾書律。文帝使鼂錯受尚書，使博士作王制，詳後。又置論語、孝經、爾雅、孟子博士，漢書翟酺傳曰：「孝文帝始置五經博士。」趙岐孟子題詞曰：「漢文帝欲廣游學之路，論語、孝經、孟子、爾雅皆置博士，後罷傳記博士，獨立五經。」藝文類聚四十六引漢書舊儀曰：「孝文帝時博士七十餘人。」唐六典引漢官儀曰：「文帝博士七十餘人，爲待詔博士。」是文帝已重五經，立博士，惟好刑名，而於典章多謙讓未遑，或旋立旋廢，或弗重視，故史文不著也。即其事也。」漢書考證。齊説可爲班氏功臣。

迄孝武世，書缺簡脱，禮壞樂崩，○師古曰：「編絶散落，故簡脱。脱音吐活反。」聖上喟然而稱曰：○師古曰：「喟，歎息之貌也，音丘位反。」「朕甚閔焉。」於是建藏書之策，

○如淳曰：「劉歆七略曰：『外則有太常、太史、博士之藏，內則有延閣、廣內、秘室之府。』」置寫書之官，下及諸子傳說，皆充秘府。

武帝元朔五年夏六月詔曰：「蓋聞導民以禮，風之以樂。今禮壞樂崩，朕甚閔焉。故詳延天下方聞之士，咸薦諸朝。其令禮官勸學，講議洽聞，舉遺興禮，以爲天下先。太常其議予博士弟子，崇鄉黨之化，以厲賢材焉。」漢書武帝紀。於是公孫弘爲學官，悼道之鬱滯，迺請曰：「丞相、御史言：制曰：『蓋聞導民以禮，風之以樂。今禮廢樂崩，朕甚愍焉。故詳延天下方聞之士，咸登諸朝。其令禮官勸學，講議洽聞，舉遺興禮，以爲天下先。太常議，予博士弟子，崇鄉里之化，以厲賢材焉。』謹與太常臧、博士平等議，曰：聞三代之道，鄉里有教，夏曰校，殷曰庠，周曰序。其勸善也，顯之朝廷；其懲惡也，加之刑罰。故教化之行也，建首善自京師始，繇內及外。今陛下昭至德，開大明，配天地，本人倫，勸學興禮，崇化厲賢，以風四方，太平之原也。古者政教未洽，不備其禮，請因舊官而興焉。爲博士官置弟子五十人，復其身。太常擇民年十八以上儀狀端正者，補博士弟子。郡國縣官有好文學，敬長上，肅政教，順鄉里，出入不悖，所聞，令相長丞上屬所二千石。二千石謹察可者，常與計偕，詣太常，得受業如弟子。一歲皆輒課，能通一藝以上，補文學掌故缺。其高第可以爲郎中，太常籍奏。即有秀才異等，輒以名聞。其不事學若下材，及不能通一藝，輒罷之，而請諸能稱者。臣謹案詔書律令下者，明天人分際，通古今之誼，文章爾雅，訓辭深厚，恩施甚美。小吏淺聞，弗能究宣，亡以明布。諭治禮掌故，以文學禮義爲官，遷留滯。請選擇其秩比二百石以上，及吏百石通一藝以上，補左右内史、大行卒史，比百石以下，補郡太守卒史，皆各二人，邊郡一人。先用誦多者，不足，擇掌故以補中二千石屬。文學掌故補郡屬，備員。請著功令，它如律令。」制曰「可。」自此以來，公卿大夫士吏彬彬多文學之士矣。儒林傳。劉歆曰：「至孝武皇帝，然後鄒、魯、梁、趙頗有詩、春秋先師，皆起於建元之間。當此之時，一人不能獨盡其經，或爲雅，或爲頌，相合而成。泰誓後得，博士集而讀之。故詔書曰：『禮壞樂崩，書缺簡脱，朕甚閔焉。』時漢興已七八十年，離於全經，固已遠矣。」移太常博士書。又曰：「孝武帝敕丞相公孫弘廣開獻書之路，百年之間，書如山積，文選注三十八引七略。外則有太常、太史、博士之藏，内則有延閣、廣内、秘室之府。」見如淳注，案七録序略同。此漢武弘文盛典，可得而詳。學校甫興，而書藏山積，讀者猶寡，文質升降之會，此其時也。

至成帝時，以書頗散亡，使謁者陳農求遺書於天下。

成帝河平三年秋八月，謁者陳農使，使求遺書於天下。成帝紀。案陳農爲使，而使求書也。

詔光禄大夫劉向校經傳諸子詩賦，步兵校尉任宏校兵書，太史令尹咸校數術，

○師古曰：「占卜之書。」侍醫李柱國校方技。○師古曰：「醫藥之書也。」每一書已，○師古曰：「已，畢也。」向輒條其篇目，撮其指意，録而奏之。○師古曰：「撮，總取也，音千括反。」

成帝河平三年秋八月，劉向校中秘書，成帝紀。子歆同受詔，講六藝傳記諸子詩賦數術方技，無所不究。時帝方精於詩、書，觀覽古文，楚元王傳。故爲此詔也。設無帝好學，恐兩漢文化，未得有如彼其盛也。向字子政，漢書有傳。尹咸者，尹更始之子，能治左氏。劉歆嘗從咸及翟方進受，質問大義。劉歆傳。任宏、李柱國皆不可詳考。三人蓋皆襄向校書，專門分任。然與校可考者，尚有杜參、見後詩賦略。班斿，漢書敘傳。則又必不止此數人矣。山海經第九、第十三卷末皆有建平元年四月丙戌臣望校云云，望即其一人也。阮孝緒曰：「昔劉向校書，輒爲一録，論其指歸，辨其訛謬，隨竟奏上，皆載在本書。時又別集衆録，謂之別録，即今之別録是也。」七録序。隋書曰：「每一書就，向輒撰爲一録，論其指歸，辨其訛謬，敘而奏之。」經籍志。蓋附在本書者，謂之敘録，如今存管子、晏子、春秋、戰國策諸敘録是也。列子敘録可疑，若關尹子、於陵子二敘録，皆出宋、明人僞造矣。其集衆録，當指群書敘録，向於六藝諸子百家，每書皆有敘録，殆似清世四庫全書總目，今乃僅存萬一，惜哉。而別爲一書者，謂之別録。別録曰：「讎校，一人讀書，校其上下，得謬誤爲校。一人持本，一人讀書，若怨家相對爲讎。文選魏都賦注引風俗通曰，劉向別録云云。殺青者，直治竹作簡，書之耳。」御覽六百六引風俗通曰，劉向別録云云。風俗通曰：「新竹有汁，善朽蠹，凡作簡者，皆於火上炙乾之，陳楚間謂之汗。汗者，去其汁也。吴越曰殺，亦治也。劉向爲孝成皇帝典校書籍二十餘年，皆先書竹，改易刊定，可繕寫者以上素也。」御覽六百六。此皆瑣記校書之事也。昔正考父校商頌，魯語下。孔子序詩書，史記孔子世家。而劉向校書尤浩博。惜哉！其叙別二録遺文，今竟佚存無幾也！

會向卒，哀帝復使向子侍中奉車都尉歆卒父業。○師古曰：「卒，終也。」歆於是總群書而奏其七略，故有輯略，○師古曰：「輯與集同，謂諸書之總要。」有六藝略，○師古曰：「六藝，六經也。」有諸子略，有詩賦略，有兵書略，有術數略，有方技略。今删其要，以備篇籍。○師古曰：「删去浮冗，取其指要也。其每略所條家及篇數，有與總凡不同者，傳寫脱誤，年代久遠，無以詳知。」

劉歆字子駿，向少子也。漢書向傳稱向卒後十三歲，而王氏代漢，漢書帝紀不數孺子嬰，是向卒於成帝綏和二年也。故是年哀帝即位，詔劉歆典領五經。歆於翌年之建平元年，更名秀，上山海經表即用秀名。同年以移書太常博士，觸太司空師丹等之怒。丹於秋被策免。而歆自當以忤執政，懼誅，先丹出守於外。然則歆奏七略，在建平元年之春夏間矣。

計河平三年至此，費時二十餘年，其父與役者二十年。故應劭曰：「劉向爲孝成皇帝校書二十餘年。」見前引。蓋大略言之也。歆既出守於外，數年病免。會哀帝崩，王莽持政，莽少與歆俱爲黄門郎，重之，劉歆傳。復引歆典文章。王莽傳。則元壽二年事也。哀帝崩年。距奏定七略，已隔五六載，爾後皆無與於校書之事矣。歆所行不如所知，然君子不以人廢言，故世猶重其學。阮孝緒曰：「劉向別集衆録，謂之別録。子歆撮其指要，著爲七略。一篇即六篇之總最，故以輯略爲名，次六藝略，次諸子略，次詩賦略，次兵書略，次數術略，次方技略。」七録序。隋書曰：「哀帝使其子歆，嗣父之業，乃徙温室中書於天禄閣上。歆遂總括群書，撮其指要，著爲七略。」七録序略同。又曰：「古者史官既司篇籍，蓋有目録，以爲綱紀。體制湮没，不可復知。孔子删書，別爲之序，各陳作者所由。韓毛二詩，亦皆相類。漢時劉向別録、劉歆七略剖析條流，各有其部，推尋事迹，疑則古之制也。」經籍志。蓋歆著七略，本其父向別録之撮要。七略之綱，原定於向，歆特卒父業者。故後世亦謂別録曰七略別録歟。第觀歆上山海經表，則又卒父業敘録之事，不僅奏其七略而已也。隋、唐志咸著録向七略別録二十卷、歆七略七卷，明二書詳略懸殊。南宋而後，二書盡亡，七略七卷，通志著録，通考不載。而妄人淫誣之辭，浸興矣。今幸有班志録其六略，説者謂班志每略敘録之詞，即歆之輯略也。故雖六略而實七略具足也。雖然，章宗源曰：「班固因七略而志藝文，其與歆異者，特注其出入，書入劉向稽疑。禮入司馬法。樂出淮南、劉向等琴頌。春秋省太史公。小學入揚雄、杜林。儒入揚雄。雜省入兵法。諸子出蹵鞠。兵權謀省伊尹、太公、管子、孫卿子、鶡冠子、蘇子、蒯通、陸賈、淮南王，出司馬法入禮。兵技巧省墨子重，入蹵鞠。使後人可考劉氏原本。今以諸書所引七略，如『詩以言情，情者，信之符也。』『書以決斷，斷者，義之證也。』初學記文部。御覽學部。漢志作『詩以正言，義之用也；春秋以斷事，信之符也。』史記集解魏公子兵法二十一篇、圖七卷，信陵君傳。逢門射法、龜策傳。風后孤虛二十卷，同上。與漢志合。史記正義管子十八篇在法家，晏子春秋七篇在儒家。管晏傳。考漢志法家無管子，惟兵家注云省管子，儒家晏子八篇，又削春秋二字，史記論曰：「余讀晏子春秋，是知春秋二字，非漢以後所加。」俱異七略之舊。文選注『鄒子有終始五德，言土德從所不勝，木德繼之，金德次之，火德次之，水德次之。』魏都賦應吉甫華林園集詩注。乃鄒子終始解題。又『雅琴，琴之言，禁也；雅之言，正也，君子守正以自禁也。』長門賦注。乃雅琴趙氏等解題。太平御覽職官部『孝宣帝重申不害君臣篇，使黃門郎張子喬正其字，』乃申子解題。此類漢志皆未取。馮商、莊忽奇、杜參、朱宇、師古注皆依七略補漢志。至如曲臺記、易九師道訓、文選竟陵王行狀注。娟子、曹子建七啓注。談天衍雕龍赫、宣德皇后令注。鶡冠子、辯命論注。盤盂書新刻漏銘注。班固本注雖依七略，而語多從簡。」隋書經籍志考證。章說明已。故七略佚文無多，尚足徵班志異同。況班志易、書二家均言劉向以中古文校之等語，樂家又言劉向校書得樂記二十三篇，至小學類中，則謂臣復續揚雄作十三章，此皆顯係班氏所加，則班志豈盡七略之舊哉？師古所云：「每略所條家及篇數，有與總凡不同者，傳寫脱誤，無以詳知。」然每略家數，僅兵書略之兵技巧，術數略之天文，疑稍有誤，餘均符合，而篇數錯誤，乃真不可知耳。

二　六藝略

易經十二篇，施、孟、梁丘三家。◯師古曰：「上下經及十翼，故十二篇。」

亡。此三家易今文經也。班志凡今文經皆不加今字，凡今文與古文無大異，皆不記中古文。書、禮、春秋、論語、孝經皆有古文經，惟易、詩無之，觀其云「劉向以中古文易經校施、孟、梁丘經，或脱去『無咎』『悔亡』」，可明易中古文經與今文經無大異，詩亦可以類推，故皆不録中古文經歟。今存易經乃王弼傳費氏古文易，唐李鼎祚易集解亦用王弼本。古文、今文本既無大異，説別詳下。是今文易經雖亡而猶存也。伏羲作易，文王分上下經，所謂「二篇之策萬有一千五百二十」繫辭傳。是也。六經之名，已見莊子，天運篇。皆周人舊題，非起自漢。文王二篇爲經，孔子十翼本稱傳而非經。史記自序引易大傳曰可證。顧總稱之曰易經十二篇，是傳附經而亦稱經也。孔子作十翼稱「子曰」者，猶司馬遷作史記亦自稱「太史公曰」也。此是古人著書通例，有因此而疑十翼非孔子作者，不思之過也。

易傳周氏二篇。字王孫也。

亡。儒林傳曰：「田何授周王孫，著易傳數篇。」又曰：「丁寬從周王孫受古義，號周氏傳。」古義者，蓋古文之義也，則西漢最初今文家不諱古文也。自此周氏至下丁氏，皆易傳也。凡班志注，無師古曰者，皆班固自注之文。以下類推。

服氏二篇。○師古曰：「劉向别録云，服氏，齊人，號服光。」

亡。服光，經典釋文敍録注引作服先，光、先形近易誤。

楊氏二篇。名何，字叔元，菑川人。

亡。楊何見儒林傳。

蔡公二篇。衛人，事周王孫。

亡。

韓氏二篇。名嬰。

亡。儒林傳曰：「韓嬰推易意而爲之傳，韓詩不如韓氏易深。」蓋寬饒傳曰：「蓋寬饒封事引韓氏易傳言：五帝官天下，三王家天下。」經典釋文序録曰：「子夏易傳三卷，七略云漢興，韓嬰傳。」以上釋文。唐會要載開元七年，司馬貞曰：「案劉向七略有子夏易傳，又王儉七志引劉向七略云，易傳子夏韓氏嬰也。」以上會要，案亦見文苑英華。蓋韓嬰字子夏，非卜子夏也。本臧庸拜經日記説。崔應榴吾亦廬稿謂即鄧彭祖字子夏，肊説無據。二劉七略記之甚明。而班志但云韓氏，亦不同劉略之徵也。隋志曰：「易二卷，魏文侯師卜子夏傳。」則因子夏二字而傅會之，妄矣。清孫馮翼、張澍、馬國翰、黄奭咸有輯本。若四庫經部易類著録子夏易傳十一卷，則宋以後人僞作，非此書。

王氏二篇。名同。

亡。王同見儒林傳。

丁氏八篇。名寬，字子襄，梁人也。

亡。荀勖中經簿曰：「子夏易傳四卷，或云丁寬所作。」册府元龜六百四引。案經典敘録亦引中經簿，説同而卷數不同，未詳何以。阮孝緒七録曰：「子夏易六卷，或云韓嬰作，或云丁寬作。」唐會要引。或之者，疑之也。疑丁作者，後起之誤。

古五子十八篇。自甲子至壬子，説易陰陽。

亡。名曰古者，以禮古經、春秋古經、論語古、孝經古孔氏例之，蓋古文也。劉向別録曰：「所校讎中古五子書，除復重，定著十八篇。分六十四卦，著之日辰。自甲子至壬子，凡五子，故號曰五子。」初學記文部引。隋、唐志咸不著録。今除見律曆志外，間見左思吴都賦注。

淮南道訓二篇。淮南王安聘明易者九人，號九師說。

亡。蓋古五子道訓也。詳錢塘淮南天文訓補注。七略曰：「九師道訓者，淮南王安所造。」別録曰：「所校讎中易傳淮南九師道訓，除復重，定著二十篇。淮南王聘善爲易者九人，從之采獲，故中書著曰淮南九師言。」並王氏考證引。是中書別録、七略共標三名，而書名可更定之也。又晏子春秋，向敘録稱除復重二十二篇，定著八篇，則篇數亦可不從原書之舊而更定之也。

古雜八十篇，雜災異三十五篇，神輸五篇，圖一。○師古曰：「劉向別録云『神輸者，王道失則災害生，得則四海輸之祥瑞』。」

疑。雜八十篇者，殆猶今之言雜纂也。名曰古者，蓋古文也。沈欽韓曰：「古雜八十篇，即乾鑿度、稽覽圖之等。後書張衡歷言尚書、詩、春秋讖之謬妄而不及易，則易說爲古書也。」沈說存參。

孟氏京房十一篇，災異孟氏京房六十六篇，五鹿充宗略説三篇，京氏段嘉十二篇。○蘇林曰：「東海人，爲博士。」晋灼曰：「儒林不見。」師古曰：「蘇説是也。嘉即京房所從受易者也，見儒林傳及劉向別録。」

殘。儒林傳曰：「京房受易梁人焦延壽。延壽字贛。延壽云嘗從孟喜問易。會喜死，房以爲延壽易即孟氏學，翟牧、白生不肯，皆曰非也。劉向校書，考易説，以爲諸家皆祖田何、楊叔、丁將軍，大誼略同，唯京氏爲異，黨焦延壽獨得隱士之説，託之孟氏，不相與同。」此向校六藝，僅見此疑師説之依託，而非若班志於諸子之并原書，斥言其依託也。然孟喜得易家候陰陽災變書，詐言師傳，則此家本獨異也。嚴可均曰：「孟喜受易家陰陽，立十二月辟卦，其説本於氣，以準天時、明人事，授之焦贛。焦贛又得隱士之説，五行消復，授之京房。京房兼而用之，長於災變，布六十四卦於一歲中，卦直六日七分，迭更用事，以風雨寒温爲候，各有占驗，獨成一家。孝元立博士，迄東漢末，費直行而京氏衰。晋代猶有傳習者，至隋志亡段嘉十二篇，唐志又亡災異六十六篇之四十三篇，歷宋入明，而漢志之八十九篇，僅存三卷。此由士夫隨俗，好言禎祥，諱言災變，占候非利禄所需，故古書日亡也。今輯易傳、易占、飛候、五星、風角等篇，雖京氏占候不盡此，亦大端具矣。其世應飛伏建積互游魂歸魂之説，晁説之能言之。至六日七分之法，見漢書本傳孟康注、僧一行大衍歷議，則雖謂京氏易亡而不亡，可也。」鐵橋漫稿。嚴説頗審。清四庫不入經部，而入子部術數類，著録京氏易傳三卷。漢魏叢書本，學津討原本。漢有兩京房，此乃漢書另有傳之京房，字君明，頓丘人，曾爲魏郡太守，亦見儒林傳，而非儒林傳楊何弟子之京房也。京房之學出於孟喜，段嘉之學出於京房，故曰孟氏京房、曰京氏段嘉，然據儒林傳，段當作殷，師古注受當作授。

章句施、孟、梁丘氏各二篇。

亡。此言章句施、孟、梁丘氏各二篇，書家亦言大小夏侯章句各二篇。隋志曰：「梁邱、施氏亡於西晋，孟氏易八卷，殘闕。」舊唐志有，宋志無，則亡於宋矣。清馬國翰咸有輯本。

凡易十三家，二百九十四篇。

今計施、孟、梁丘今文經及章句共三家，易傳周氏至丁氏共七家，古五子、淮南道訓合一家，古雜一行爲一家，孟氏京房一行爲一家，合計適符十三家之數。此下六藝略家數，略采樓正華君之説。其施、孟、梁丘三家經三十六篇，三家章句六篇，除圖不計，故合計適得二百九十四篇。桓譚新論曰：「連山八萬言，藏於蘭臺。歸藏四千三百言，藏於太卜。」御覽百八十，北堂書鈔九十五並引。蓋此二書西京中秘所不藏。又今存焦氏易林焦延壽作，丁晏易林釋文考之甚詳。當亦然。故七略俱不著録，而班志因之。然亦有中秘所藏而不著録者，如易古文是，其故不明也。

易曰：「宓戲氏仰觀象於天，俯觀法於地，觀鳥獸之文，與地之宜，近取諸身，遠取諸物，於是始作八卦，以通神明之德，以類萬物之情。」○師古曰：「下繫之辭也。鳥獸之文，謂其跡在地者。宓讀與伏同。」

易者，如也，廣雅釋言。如其原來而記録之者也。故通神明之德，則明於真如也；類萬物之情，則明於物如也。谷永曰：「明於天地之性，不可惑以神怪。知萬物之情，不可罔以非類。」漢書郊祀志。故自有易，而中國群化日進於昌明。易之時義大矣哉。

至於殷、周之際，紂在上位，逆天暴物，文王以諸侯順命而行道，天人之占可得而効，於是重易六爻，作上下篇。

伏羲作易有卦無辭，文王增以卦辭、爻辭，故分上下篇。王應麟曰：「重卦之人，王輔嗣等以爲伏羲，鄭康成之徒以爲神農。淳于俊云包羲因燧皇之圖而制八卦，神農演之爲六十四。孫盛以爲夏禹，史遷等以爲文王。淮南子，伏戲爲之六十四變，周室增以六爻。」王説備已，淮南之言爲長。要略訓。伏羲作網罟，取諸離；神農作耒耜，取諸益；黄帝、堯、舜垂衣裳，取諸乾坤。以是言之，則伏羲作八卦，因而重之，爲六十四變，明矣。六十四變者，六十四卦也。周增以六爻，則六十四卦，卦復各有六爻之變，凡三百八十四變爻矣。商周革命，易爲謀本，故易經二篇者，文王之革命書也。

孔氏爲之彖、象、繫辭、文言、序卦之屬十篇。

孔子曰：「文王既没，文不在兹乎？」司馬遷曰：「孔子晚而喜易，序彖、繫、象、説卦、文言。」孔子世家。張守節曰：「夫子作十翼，謂上彖、下彖、上象、下象、上繫、下繫、文言、序卦、説卦、雜卦也。」

故曰易道深矣，人更三聖，世歷三古。○孟康曰：「易繫辭曰：『易之興，其於中古乎？』然則伏羲爲上古，文王爲中古，孔子爲下古。」○韋昭曰：「伏羲、文王、孔子。」師古曰：「更，經也，音工衡反。」

人更三聖，世歷三古，千古萬古而未有窮期。歷史學者，未完成之學。易學者，前聖未竟之緒。後聖有作，將與天壤同其不敝哉。

及秦燔書，而易爲筮卜之事，傳者不絶。

易爲卜筮之書，卜筮之書不焚，史記兩見。

漢興，田何傳之。

儒林傳曰：「自魯商瞿子木受易孔子，以授魯橋庇子庸，子庸授江東馯臂子弓，子弓授燕周醜子家，子家授東武孫虞子乘，子乘授齊田何子裝。及秦禁學，易爲筮卜之書，獨不禁。漢興，田何以齊田徙杜陵，號杜田生，授東武王同子中、雒陽周王孫、丁寬、齊服生，皆著易傳數篇。同授淄川楊何，字叔元，元光中徵爲大中大夫。齊即墨成至城陽相。廣川孟但爲太子門大夫。魯周霸、莒衡胡、臨淄主父偃，皆以易至大官。要言易者本之田何。」史記儒林傳稍略。

訖於宣、元，有施、孟、梁丘、京氏列於學官。

學官，博士官也。儒林傳曰：「丁寬，梁人，從田何受易，復從周王孫受古義，號周氏傳。寬作易說三萬言，訓故舉大誼而已。寬授同郡碭田王孫，王孫授施讎、孟喜、梁丘賀，繇是易有施、孟、梁丘之學。京房受易梁人焦延壽，授東海殷嘉、河東姚平、河南乘弘，皆爲郎、博士，繇是易有京氏之學。」王先謙曰：「儒林傳贊言武帝立五經博士，易唯楊何，宣帝立施、孟、梁丘易，元帝立京氏易。」

而民間有費、高二家之說。◯師古曰：「費音扶味反。」

此二家，費氏古文，清四庫經部著録周易正義本是也；高氏今文，久佚。儒林傳曰：「費直，東萊人，治易長於卦筮，亡章句，徒以彖、象、系辭十篇文言解説上下經。琅邪王璜平中能傳之。高相，沛人，治易與費公同時，其學亦亡章句，專説陰陽災異，自言出於丁將軍。傳至相，相授子康及蘭陵毋將永，繇是易有高氏學。高、費皆未嘗立於學官。」隋志曰：「高氏易亡於西晉。」

劉向以中古文易經校施、孟、梁丘經，◯師古曰：「中者，天子之書也。言中，以别於外耳。」

或脱去「無咎」「悔亡」。

劉向以中古文校三家經，補其脱去，則三家經與中古文無大異。七略别録是否有易古文經，不可考。而班志則因其與今文經無大異，不再著録古經，是其省例也。然是蓋其篇章無大異，文字則大有不同者在，宋翔鳳周易考異、李富孫易經異文釋俱可證。

惟費氏經與古文同。

後書儒林傳曰：「東萊費直傳易，授瑯邪王横爲費氏學。本以古字，號古文易。」隋志曰：「陳元、鄭衆皆傳費氏之學。馬融又爲其傳，以授鄭玄。玄作易注，荀爽又作易傳。魏代王肅、王弼，並爲之注。自是費氏大興，高氏遂衰。」經籍志。雖然，今文易傳自商瞿，費氏易不詳所出。後世今文易絶，而王弼費氏古文易行，抑亦由災異卜筮應驗，隨世變改，惟妙得虛無之旨者，轉足安常而不變歟？

以上易

尚書古文經四十六卷。爲五十七篇。◯師古曰：「孔安國書序云：『凡五十九篇，爲四十六卷。承詔作傳，引序各冠其篇首，定五十八篇。』鄭玄敘贊云：『後又亡其一篇』，故五十七。」

此孔壁古文尚書，孔安國所獻也。師古引僞孔安國書序，妄也。桓譚新論曰：「古文尚書舊有四十五卷，爲五十八篇。」御覽六百八引。劉向別録亦曰：「五十八篇。」王應麟考證引。數與班志微異者，卷即因篇而殊名也。於今文同有之二十九篇，見下。加得多古文十六篇，見下。此新論所以曰四十五卷也。於今文同有之二十九篇中，出康王之誥於顧命，是爲三十，加多十六篇，此班志所以曰四十六卷也。戴震、王鳴盛皆謂新論除書序計之，班志加書序計之，非也。十六篇中，九共爲九，三十篇中，盤庚、泰誓各爲三，是爲五十八，此新論、別録所以皆曰五十八篇也。武成逸篇，亡於建武之際，班據見存，此班志所以曰爲五十七篇也。徐養原頑石廬經説謂班不據見存，史籀十五篇，建武時已亡六篇，仍録舊目可證。然班志時有變更七略舊文，未可一概論也。孔壁古文既出，孔安國以今文讀之，得多十六篇，見下。因以起家教授，於是有古文尚書之學。儒林傳曰：「安國授都尉朝，而司馬遷亦從安國問故。都尉朝授膠東庸生，庸生授清河胡常，常授虢徐敖，敖授王璜、平陵涂惲子真，子真授河南桑欽。」後漢書賈逵傳曰：「父徽受古文尚書於涂惲，逵傳父業。」儒林傳曰：「扶風杜林傳古文尚書，林同郡賈逵爲之作訓，馬融作傳，鄭玄注解，由是古文尚書遂顯于世。」然十六篇既無今文，卒無師説，堯典正義引馬融書序。遂逸。案古文周官、左氏傳，西京咸有師説，故傳。惟此尚書十六篇無師説，故逸也。三國王朗傳曰：「王肅善賈、馬之學，而不好鄭氏，爲尚書、詩、論語、三禮解。」清世學者始大明東晉枚賾所獻孔安國古文尚書出王肅僞造，丁晏尚書餘論最詳，惟謂肅係今文，則誤也。自唐五經正義用枚本，而鄭玄古文尚書亦亡。今列孔氏壁中古文、枚本古文尚書，各表如次。

孔氏壁中古文四十六卷五十八篇表：

（1）堯典一枚本分出舜典。（2）舜典二（3）汨作三（4）九共四至十二凡分九篇。（5）大禹謨十三（6）咎繇謨十四枚本分出益稷。（7）棄稷十五即益稷。（8）禹貢十六（9）甘誓十七（10）五子之歌十八（11）胤征十九（12）湯誓二十（13）湯誥二十一（14）咸有一德二十二枚本次太甲後。（15）典寶二十三（16）伊訓二十四枚本次湯誥後。（17）肆命二十五（18）原命二十六（19）盤庚二十七至二十九凡分上、中、下三篇。（20）高宗肜日三十（21）西伯戡黎三十一（22）微子三十二（23）太誓

三十三至三十五　（24）牧誓三十六　（25）武成三十七建武之際亡。　（26）洪範三十八
（27）旅獒三十九　（28）金縢四十　（29）大誥四十一　（30）康誥四十二　（31）酒誥四十三　（32）梓材四十四　（33）召誥四十五　（34）洛誥四十六　（35）多士四十七　（36）無逸四十八　（37）君奭四十九　（38）多方五十　（39）立政五十一
（40）顧命五十二　（41）康王之誥五十三　（42）槼命五十四當作畢命。　（43）粊誓五十五枚本次文侯之命後。　（44）吕刑五十六　（45）文侯之命五十七　（46）秦誓及書序五十八

孔安國以今文讀之，多十六篇，即鄭玄述古文逸書二十四篇表：

（1）舜典　（2）汨作　（3）九共一　九共二　九共三　九共四　九共五　九共六　九共七　九共八　九共九　（4）大禹謨　（5）棄稷　（6）五子之歌　（7）胤征　（8）湯誥　（9）咸有一德　（10）典寶　（11）伊訓　（12）肆命　（13）原命　（14）武成　（15）旅獒　（16）槼命惠棟曰：「當作畢命。」

枚本僞造古文二十五篇表：

（1）大禹謨　（2）五子之歌　（3）胤征　（4）仲虺之誥　（5）湯誥　（6）伊訓　（7）太甲上　（8）太甲中　（9）太甲下　（10）咸有一德　（11）説命上　（12）説命中　（13）説命下　（14）泰誓上　（15）泰誓中　（16）泰誓下　（17）武成　（18）旅

棨（19）微子之命（20）蔡仲之命（21）周官（22）君陳（23）畢命（24）君牙（25）冏命

今枚本舜典，尚有「曰若稽古帝舜，曰重華協于帝。濬哲文明，温恭允塞，玄德升聞，乃命以位」二十八字，非枚本原有，則又僞造中之僞造也。

經二十九卷。大、小夏侯二家，歐陽經三十二卷。◯師古曰：「此二十九卷，伏生傳授者。」

亡。此伏生今文尚書也。然以二十八篇合於古文，則又其亡中之存也。司馬遷曰：「伏生者，濟南人，故爲秦博士。秦時焚書，伏生壁藏之。其後兵大起，流亡，漢定，伏生求其書，亡數十篇，獨得二十九篇。」史記儒林傳。班固儒林傳説同。劉歆曰：「泰誓後得，博士集而讀之。故詔曰：禮壞樂崩，書缺簡脱。」移太常博士書。劉向别録亦有此説。見下。但以爲武帝時事，則與王充論衡言：「孝宣皇帝之時，河内女子發老屋，得逸易、禮、尚書各一篇，奏之。宣帝下示博士，然後易、禮、尚書各益一篇，而尚書二十九篇始定。」正説篇。蓋一事歧説，俱出訛傳。故班固不取，亦不盡同劉略之證也。儒林傳及本志。近世或謂伏生二十九篇，原有泰誓者，王引之經義述聞之説也。或謂伏生原無泰誓，二十九篇乃併書序計之者，陳壽祺左海經辨之説也。王是而陳非也。至今文書序有無，最爲聚訟。俞正燮癸巳類稿主無序之説，近劉師培答方勇論太誓答問書，尚主此説，誤矣。而陳氏立十有七證以明有序，則致精壖。惜其尚不知凡今古文書序咸附於末，與秦誓合爲一卷也。歐陽經三十二篇者，泰誓分爲三，又析書序自爲一卷，故三十二。然序無章句，故歐陽章句仍止三十一卷。此可爲伏生今文書序不另析篇之證，一也。馬鄭之徒，百篇之序，總爲一卷。經典釋文。此亦可爲孔壁古文書序不另析篇之證，二也。故書序另析爲篇者，後師之事也。揚子法言序附末篇，此非仿書序附卷末之意乎？清孫星衍尚書今古文注疏、江聲尚書集注音疏、王先謙尚書孔傳參正，咸勝舊疏。

伏生今文二十九篇表：

(1)堯典合校本舜典。 (2)咎繇謨合校本益稷。 (3)禹貢 (4)甘誓 (5)湯誓
(6)盤庚合校本三篇。 (7)高宗肜日 (8)西伯戡黎 (9)微子 (10)泰誓
(11)牧誓 (12)洪範 (13)金縢 (14)大誥 (15)康誥 (16)酒誥 (17)梓材
(18)召誥 (19)洛誥 (20)多士 (21)毋逸 (22)君奭 (23)多方 (24)立政
(25)顧命合康王之誥。 (26)費誓 (27)甫刑 (28)文侯之命 (29)秦誓及書序

傳四十一篇。

殘。此伏生尚書大傳也。鄭玄曰：「其徒張生、歐陽生等共撰尚書大傳。」尚書大傳序。清四庫書類二附録尚書大傳四卷、補遺一卷。梁章鉅曰：「其文或説尚書，或不説尚書，大抵

如易乾鑿度、春秋繁露，與尚書本義在離合之間，而因經屬旨，其文辭爾雅深厚，古訓舊典，往往而在。直齋書録解題言此書印板刓闕，是在宋世，已無完本。近人編輯，有孫晴川之騄、孔叢伯廣林、盧雅雨見曾，孔本稍善。陳恭甫壽祺始撰成定本八卷，較之孫、盧、孔三本，獨爲完備。」退庵隨筆。

歐陽章句三十一卷。

亡。歐陽經三十二卷，書序不附末篇，另析爲卷。章句三十一卷者，書序無章句，仍附末篇也。

大、小夏侯章句各二十九卷。

亡。經與章句卷數同者，書序皆附末篇。此歐陽與大、小夏侯之異也。

大、小夏侯解故二十九篇。

亡。章句各分，而解故不别也。儒林傳曰：「伏生教濟南張生及歐陽生，歐陽生授兒寬，寬授歐陽生子世，世相傳至曾孫高爲博士。由是尚書世有歐陽之學。夏侯勝，其先夏侯都尉，從濟南張生受尚書，以傳族子始昌，始昌傳勝，勝傳從兄子建，建又事歐陽高，由是尚書有大、小夏侯之學。」隋志曰：「永嘉之亂，歐陽、大小夏侯尚書並亡。」清陳喬樅有歐陽夏侯遺説考。

歐陽說義二篇。

亡。

劉向五行傳記十一卷。

亡。蓋原止十篇，班注「入劉向稽疑一篇」即并入此中，故十一篇。本傳曰：「凡十一篇，號曰洪範五行傳論。」本傳亦合并記之。論亦記也。隋志同十一卷。本書五行志即向、歆父子之遺說。

許商五行傳記一篇。

亡。洪範五行傳本伏生尚書大傳，蓋劉、許皆有所記述而不同也。

周書七十一篇。周史記。◯師古曰：「劉向云：『周時誥誓號令也，蓋孔子所論百篇之餘也。』今之存者，四十五篇矣。」

殘。清四庫史部別史類著録周書十卷。劉向所謂「孔子論百篇之餘」，故與尚書有文質之辨，尚書主文，而周書則近質也。周傾商政，陰謀不諱，晚周百家，此其權輿矣。後世或題曰逸周書，亦題曰汲冢周書，均失之。朱右曾曰：「周書存者五十九篇，并序爲六十篇，較漢志篇數，亡其十有一焉。晉孔鼂注。唐初，孔氏注本亡其二十五篇，師古據之以注漢志，故云今其存者四十五篇。師古之後，又亡其三，故今孔注衹有四十二篇也。然晉唐之世，書有二本，故劉知幾史通云：周書七十一章，上自文武，下終靈景，不言有所闕佚，與師古說殊。其合四十二篇之注於七十一篇之本，而亡其十一篇者，未知何代，要在唐以後矣。」周書校釋序。朱說是也。今本自度訓第一至器服第七十，說者謂加序一篇，即漢志七十一篇之舊也。朱氏有周書校釋。近劉師培著周書補正，尤多所是正。

議奏四十二篇。宣帝時石渠論。○韋昭曰：「閣名也，於此論書。」

亡。儒林傳曰，石渠論書者，林尊、歐陽地餘、周堪、張山拊、假倉等。

凡書九家，四百一十二篇。入劉向稽疑一篇。○師古曰：「此凡言入者，謂七略之外，班氏新入之也。其云出者，與此同。」

今計古文經一家，今文經傳合一家，書春秋今文分家皆出班注，故不與易，詩各有三家經同例。歐陽、大小夏侯章句解故義說共三家，劉向許商兩家，周書議奏兩家，合計適符九家之數。歐陽經三十二卷，補注本作二十二卷誤。故合計四百二十二篇，多十篇。至於師古所云新入者，書家之劉向稽疑一篇，小學家之揚雄、杜林三篇，儒家之揚雄所序三十八篇，賦家之揚雄八篇，皆班氏所新入也，蓋據西京中秘所藏者而入之。其所不藏者不入也。說詳例言。

易曰：「河出圖，雒出書，聖人則之。」〇師古曰：「上繫之辭也。」故書之所起遠矣。

書者，如也。說文敍。易、書固同源也。圖、書疊韻，故亦同源也。河圖、洛書，事出荒古。然推佛氏唯識之旨，金石無生之物，咸有意識，則天地自然之文，秩然可徵，會而通之。故乾陽坤陰，奇偶勝負之數，足盡萬有之情狀，是之謂易。日月星辰，山龍華蟲，古之圖象，積世積人，居然稠疊而成篇，是之謂書。此皆可遠跡蠻荒，返證靈府，而昭信不貳，豈待魏世張掖出石圖文字燦然，而後悟河洛自有圖書哉？

至孔子纂焉，〇孟康曰：「纂音撰。」上斷於堯，下訖於秦，凡百篇，而爲之序，言其作意。

易大傳曰：「伏羲氏、神農氏没，黄帝、堯、舜氏作，通其變，使民不倦。」下繫之詞。蓋孔子居春秋列國紛争之世，故書首唐、虞，示欲變民。然篇終秦誓，取繆公之悔過而秦卒以霸。此亦老子「以正治國，以奇用兵」之旨也。司馬遷曰：「孔子追迹三代之禮，序書傳上紀唐、虞之際，下至秦繆，編次其事。」孔子世家。此古文尚書說也。揚雄曰：「昔之説書者，序以百。如書序，雖孔子亦末如之何矣。」法言問神篇。此今文尚書説也。雄意序非孔子作，但仍周史之舊。班志不然，故司馬遷之説。論衡正説篇曰：「魯共王壞孔子教授堂以爲殿，得百篇尚書於墻壁中。」蓋書序有百篇，不必書數實有百篇，孔安國目驗孔壁書有序，故以爲孔子作，司馬遷從安國問故，此真古文書說也。雖然，孔子「述而不作」，作亦述耳。

秦燔書禁學，濟南伏生獨壁藏之。漢興亡失，求得二十九篇，以教齊魯之間。訖孝宣世，有歐陽、大、小夏侯氏，立於學官。

伏生藏書得書，已詳前。儒林傳曰：「伏生求其書，以教於齊魯之間，齊學者由此頗能言尚書，山東大師亡不涉尚書以教。」齊今文學，魯古文學，此亦一徵。

古文尚書者，出孔子壁中。◯師古曰：「家語云孔騰字子襄，畏秦法峻急，藏尚書、孝經、論語於夫子舊堂壁中，而漢記尹敏傳云孔鮒所藏。二說不同，未知孰是。」武帝末，魯共王壞孔子宅，欲以廣其宮，而得古文尚書及禮記、論語、孝經凡數十篇，皆古字也。共王往入其宅，聞鼓琴瑟鐘磬之音，於是懼，乃止不壞。

今孔子家語、孔叢子皆王肅依託，孔壁藏書之事，師古引之，非也。陸德明經典釋文曰：「孔惠藏之。惠即史記孔子世家之孔忠。忠、惠形近而訛。」武帝末，當爲武帝初之訛。恭王以孝景前三年徙王魯，薨於武帝元光六年。本書諸侯王年表曰：元朔元年，安王光嗣。則恭王當薨於元光末。而此云武帝末者，猶秦誓後得，劉歆移太常博士書明敘於武帝元朔五年詔書之前，而別録乃云武帝末民有得大誓於壁内者，書僞孔序正義引。正同一訛也。景十三王傳曰：「恭王初，此云初者，追敘恭王生前之詞，此類筆法，左傳最多。論衡正説獨言孝景帝時，案書篇言孝武皇帝時，當從案書篇。好治宮室，壞孔子舊宅以廣其宮，聞鐘磬琴瑟之聲，遂不敢復壞，於其壁中得古文經傳。」説文敍曰：「壁中書者，魯恭王壞孔子宅，而得禮記、尚書、春秋、論語、孝經。」然史紀不載此事者，五宗世家。此司馬遷之特識，非班、范以下可同論也。詩亡而後春秋作，史記本繼春秋，有詩、春秋一貫之微旨。故史記於屈原、賈生、相如之辭賦，多所甄録，獨於賈生陳政事疏、仲舒賢良策闕焉弗載，則推其意，不記魯恭王得壁中書者，蓋亦以爲此恒事耳，儒生經師傳之，無煩史家載筆者也。近世或據以攻孔壁古文，失之。

孔安國者，孔子後也，悉得其書，以考二十九篇，得多十六篇。○師古曰：「壁中書多，以考見行世二十九篇之外，更得十六篇。」安國獻之。

司馬遷曰：「孔氏有古文，而安國以今文讀之，因以起其家。謂以此起家也。逸書得十餘篇，即十六篇。蓋尚書滋多於是矣。」史記儒林傳。劉歆曰：「及魯恭王壞孔子宅，欲以爲宮，而得古文於壞壁之中，逸禮有三十九篇，書十六篇。天漢之後，孔安國獻之。」移太常博士書。夫孔壁書出於武帝初年，安國以今文讀之而起家，明需時日，故至天漢之後，方獻之。安國於元朔末，爲武帝博士，元朔五年，武帝下詔，而公孫弘請郡國舉有文學者。兒寬傳曰：兒寬以郡國選詣博士，受業孔安國。其事當在元朔末，以此知之。仕至臨淮太守，蚤卒。孔子世家。然臨淮郡，武帝元狩六年置，則安國出守，當在元鼎間。計自元朔末至天漢初，相距二十四年。顏回以四十二歲而卒，史記仲尼弟子傳：「顔回少孔子三十歲。」至獲麟之年，孔子七十二歲時，乃卒，别有考。猶稱蚤死，以此推之，安國或少年博士，壯歲横殂，亦無不可至天漢後之理也。闕里考曰：安國少學詩於申培公，受尚書於伏生，年四十爲諫議大夫，事漢武帝爲侍中，後自博士遷臨淮太守，六年以病免，年六十卒。未審何據，録以存參。王鳴盛曰：荀悦漢紀作安國家獻之。尚書後案：王氏又謂宋本文選劉歆移書亦有家字。或安國身後，命家獻之歟？

遭巫蠱事，未列於學官。

武帝自戾太子巫蠱事興，文事武略，不復見諸桑榆暮景。故劉歆曰：「遭巫蠱倉卒之難，未及施行。」移太常博士書。班志因之。然武帝尊儒，本循虚聲，相公孫弘黜董仲舒其明驗也。故自言尚書樸學弗好，儒林傳。則古文近於爲實，宜更厭抑，不及施行，原無足怪。惟後之爲臣者不能不爲掩護過短，故藉口巫蠱之事，亦未可知，則此事似不可拘泥而論矣。

劉向以中古文校歐陽、大小夏侯三家經文，酒誥脱簡一，召誥脱簡二。○師古曰：「召讀曰邵。」率簡二十五字者，脱亦二十五字，簡二十二字者，脱亦二十二字，文字異者七百有餘，脱字數十。

揚雄曰：「昔之説書者序以百，而酒誥之篇俄空焉。」法言問神篇。管禮耕曰：「蓋謂書序有百，而酒誥則無序，非謂尚書闕酒誥也。其實無序者，不獨酒誥，子雲舉一以例其餘耳。後人見其語與脱簡之辭相類，遂合爲一談，誤矣。」操扱齋遺書一。閻若璩曰：「蓋伏生寫此二篇，酒誥率以若干字爲一簡，召誥率以若干字爲一簡，三家因之，而不敢易也。向據中古文校外書，以此之所有，知彼之所脱。竊以上下相承文理言之，則二十五字乃酒誥之簡，二十二字乃召誥之簡。酒誥脱簡一，則中古文多二十五字；召誥脱簡二，則中古文多四十四字也。」尚書古文疏證七。

書者，古之號令，號令於衆，其言不立具，則聽受施行者弗曉。古文讀應爾雅，故解古今語而可知也。

七略曰：「尚書，直言也。」初學記文部。直言曰言，論難曰語，明古之號令，直自上發，無相對論難之餘地也。立具者，猶言叱嗟立辦也。爾，依也；據大戴禮小辨篇盧注。雅，典記也。古今語者，本爲今語，而依託於古言。爾雅一書，即以明其法也。孔子雅言，詩書執禮。王制曰：「樂正崇四術，立四教，順先王詩書禮樂以造士。」蓋古者號令，視民所習，依託典記，順循古道，則文書立具，而聽受奉行者，亦昭灼不惑也。然王莽符命，爾雅依託，本書本傳。則聖知之法窮矣。

以上書

詩經二十八卷，魯齊韓三家。◯應劭曰：「申公作魯詩，后蒼作齊詩，韓嬰作韓詩。」

亡。此三家詩今文經也。齊召南曰：「應説非是。后蒼，傳齊詩者，非其始也。齊詩始於轅固。」漢書考證。王引之曰：「魯齊韓三家，蓋以十五國風爲十五卷，小雅七十四篇爲七卷，前六十篇爲六卷，後十四篇爲一卷。大雅三十一篇爲三卷，前二十篇爲二卷，後十一篇爲一卷。三頌爲三卷，合爲二十八卷。周頌三十一篇，每篇一章，視國風、小大雅、魯商頌諸篇，章句最少，故併爲一卷。序冠篇首，則不別爲卷矣。」經義述聞七。案三家詩序，齊不可考；韓詩序，王氏經義述聞已詳之；魯詩序則劉向列女傳、蔡邕獨斷所載，蓋可爲證。

魯故二十五卷。◯師古曰：「故者，通其指義也。它皆類此。今流俗毛詩改故訓傳爲詁字，失真耳。」

亡。王先謙曰：「儒林傳：申公獨以詩經爲訓故以教，亡傳，疑者則闕弗傳。是魯故即申公作。」隋志曰：「魯詩亡於西晉。」陳喬樅曰：「史記儒林傳言漢高祖過魯，申公以弟子從師入謁於魯南宮。又言申公以詩教授，弟子自遠方至受業者千餘人。是三家之集，魯最先出，其傳亦最廣，有張、唐、褚氏之學，又有韋氏學、許氏學，皆家世傳業，守其師法。終漢之世，三家並立學官，而魯學爲極盛焉。魏晉改代，學官失業，齊詩既亡，而魯詩不過江東，其學遂以寖微。」魯詩遺説考序。陳説是也。詳其所著魯詩遺説考。

魯説二十八卷。

亡。

齊后氏故二十卷。

亡。王先謙曰：「后蒼也。轅固再傳弟子，詳本傳。」隋志曰：「齊詩魏代已亡。」故三家詩之失傳，齊詩亡最早。陳喬樅有齊詩遺説考。

齊孫氏故二十七卷。

亡。王應麟曰：「孫氏未詳其名。」

齊后氏傳三十九卷。

亡。王先謙曰：「蓋后氏弟子，從受其學而爲之傳。如易周氏傳、書伏生大傳之例。」

齊孫氏傳二十八卷。

亡。

齊雜記十八卷。

亡。

韓故三十六卷。

亡。王先謙曰：「此韓嬰自爲本經訓故，以别於内外傳者，故志首列之。」陳喬樅有韓詩遺說考。

韓内傳四卷。

亡。王先謙曰：「儒林傳：『嬰推詩人之意，而作内外傳數萬言，其語頗與齊、魯間殊，然歸一也。』則内外傳皆韓氏依經推演之詞。」隋志：「韓詩雖存，無傳之者。」至南宋後，韓詩亦亡，獨存外傳。

韓外傳六卷。

存。清四庫經部著録韓詩外傳十卷，蓋隋志以後，皆稱韓詩外傳十卷。梁章鉅曰：「今本非唐、宋之舊。書中未引詩詞者，凡二十八處，又文選注所引孔子升泰山觀易姓而王者七十餘家及漢皋二女事，漢書王吉傳注引曾子喪妻事。又曾慥類說卷三十八引東郭先生知宋將亡事，又閔子騫『母在一子寒，母去三子單』語，又顏回望見一疋練事，又孔子謂君子有三憂語，又『出則爲宗族患，入則爲鄉里憂，小人之行也』云云。凡五條，皆今本所無，則闕文脱簡，均所不免。汲古閣本尤多所竄改。近新安周霽原廷寀有校注本，多所訂正。」退庵隨筆記。梁説是也。趙懷玉亦有輯佚文，附本書後。

韓說四十一卷。

亡。

毛詩二十九卷。

存。此毛詩古文經也。古文經、傳別行。王引之曰：「毛詩經文當爲二十八卷，與齊、魯、韓三家同。其序別爲一卷，則二十九卷矣。」小雅南陔、白華、華黍序曰：「有其義而亡其辭。」鄭箋曰：「其義則與衆篇之義合編，毛公爲詁訓傳，乃分衆篇之義，各置於篇端。」此爲毛詩本經，原以諸篇之序合編一卷之證。

毛詩故訓傳三十卷。

存。清四庫著録毛詩正義四十卷，内毛亨傳是也。馬瑞辰曰：「散言則故、訓、傳俱可通稱，對言則故、訓與傳異，連言故訓，與分言故訓者又異。故訓即古訓，烝民詩『古訓是式』，又作詁訓。說文：詁訓，故言也。蓋詁訓第就經文所言者而詮釋之，傳則並經文所未言者而引伸之，此詁訓與傳之別也。詁訓本爲故言，由今通古，皆曰詁訓，亦曰訓詁。而單詞則爲詁，重語則爲訓。詁第就其義旨而證明之，訓則兼其言之比興而訓導之，此詁與訓之辨也。毛公釋詩實兼詁、訓、傳三體，故名其書爲詁訓傳。嘗即關雎一詩言之，如『窈窕，幽閒也。淑，善。逑，匹也』之類，詁之體也。『關關，和聲也』之類，訓之體也。若夫婦有別，則父子親；父子親，則君臣敬；君臣敬，則朝廷正；朝廷正，則王化成，則傳之體也。」毛詩傳箋通釋。馬說是也。孔穎達曰：「未審此詩引經附傳，是誰爲之。」詩疏一。蓋經傳合編，始後漢時。王引之曰：「經二十八卷，序一卷，是二十九卷也。毛公作傳，分周頌爲三卷。又以序置諸篇之首，是三十卷也。」經義述聞。案陳奂説同。王先謙曰：魯、齊、韓、毛四家詩，咸十五國風十三卷，邶、鄘、衛共一卷。毛作詩傳，析邶、鄘、衛風爲三卷，故爲三十卷，此又一説也。

凡詩六家，四百一十六卷。

今計齊魯韓今文經及故、説、雜記、内外傳共三家，又加齊后氏、齊孫氏兩家，毛詩古文經傳一家，合計六家。其齊魯韓三家經八十四卷，故合計四百一十五卷，少一卷。

書曰：「詩言志，歌詠言。」○師古曰：「虞書舜典之辭也。在心爲志，發言爲詩。詠者，永也。永，長也，歌所以長言之。」故哀樂之心感，而歌詠之聲發。誦其言謂之詩，詠其聲謂之歌。

此明詩歌合一，而有爲言爲聲之不同。言者如常語也。聲則有曲折，或一言而轉以數聲也。

故古有采詩之官，王者所以觀風俗，知得失，自考正也。

古之迺人，以木鐸記詩。説文。故劉歆與揚雄書曰：「三代周秦軒車使者、遒人使者，以歲八月巡路，宋代語僮謡歌戲。」方言附。食貨志曰：「孟春之月，群居者將散，行人振木鐸徇于路以采詩，獻之大師，比其音律，以聞於天子。故曰：王者不窺牖户而知天下。」案亦見公羊宣十五傳注。此皆記古采詩官之事也。蓋書重朝廷，詩詳民間，此詩書之教，所由尚也。

孔子純取周詩，上采殷，下取魯，凡三百五篇。

司馬遷曰：「古者詩本三千餘篇，孔子去其重，取其可施於禮義者三百五篇。」孔子世家。案儒林傳王式説同。蓋孔子刪詩三百十一篇，子夏作詩序時，六笙詩猶未亡也。釋文：「沈重曰：鄭詩譜意，大序是子夏作，小序是子夏、毛公合作。」漢世除其亡篇，故曰三百五篇也。

遭秦而全者，以其諷誦不獨在竹帛故也。

劉歆曰：「詩先師起於建元之間，當此之時，一人不能獨盡其經，或爲雅，或爲頌，相合而成。」移太常博士書。是亦幸而得全耳。

漢興，魯申公爲詩訓故，而齊轅固、燕韓生皆爲之傳，或取春秋，采雜説，咸非其本義。與不得已，魯最爲近之。◯師古曰：「與不得已者，言皆不得也。三家皆不得其真，而魯最近之。」三家皆列於學官。

儒林傳詳之。韓生者，韓嬰也。三家詩之齊魯皆以地方名，韓獨以人姓名。荀悦漢紀稱「轅固爲詩内外傳」，蓋本志不著録。或言在齊后氏傳中，無據。楚元王傳曰：「元王好書，多材藝。少時嘗與魯穆生白生申公俱受詩於浮丘伯。伯者，孫卿門人也。文帝時，聞申公爲詩最精，以爲博士。申公始爲詩傳，號魯詩。」此魯詩師承甚明。故曰：「與不得已，魯最爲近之。」與，如也。王念孫説。

又有毛公之學，自謂子夏所傳，而河間獻王好之，未得立。

儒林傳曰：「毛公，趙人。治詩，爲河間獻王博士。」鄭玄曰：「魯人大毛公爲詁訓傳於其家，河間獻王得而獻之，以小毛公爲博士。」詩譜。陸璣曰：「孔子刪詩，授卜商，商爲之序，以授魯人曾申，申授魏人李克，克授魯人孟仲子，仲子授根牟子，根牟子授趙人荀卿，荀卿授魯國毛亨。毛亨作訓詁傳，以授趙國毛萇，時人謂亨爲大毛公，萇爲小毛公。」草木蟲魚疏。

以上詩

禮古經五十六卷。

殘。此禮古文經也。僅十七篇與今文經同，異文見儀禮鄭注。餘並亡逸。二戴記中有逸經。劉歆曰：「魯恭王壞孔子宅，得古文於壞壁之中，逸禮有三十九篇。」移太常博士書。篇即卷也。本五十六篇，除與今文經同者十七篇，故曰逸禮三十九篇。鄭玄曰：「後得孔氏壁中河間獻王古文禮五十六篇。」六藝論。鄭説尤備。或據昏義言：「禮始于冠，本于昏，重于喪祭，尊于朝聘，和於鄉射。」又禮運一則曰：「達于喪、祭、射、御、冠、昏、朝、聘。」再則曰：「其行之以貨、力、辭讓、飲食、冠、昏、喪、祭、射、御、朝、聘。」因謂今儀禮十七篇已完足，古經三十九篇出劉歆姦言，邵懿辰禮經通論。妄也。姑無論今逸禮書闕難徵。即以冠、昏、喪、祭、朝、聘、鄉、射八者，而可總攝今文禮十七篇，則安知其不更可總攝古經三十九篇乎？況禮運兩言喪、祭、射、御、冠、昏、朝、聘八者之前，尚必本於天，殽於地，列於鬼神，大有事在，正古經所以不得不多耳。詩最易誦習，漢興，傳者猶不能獨盡，或爲雅，或爲頌，相合而成。見劉歆移太常博士書。書、禮俱難盡傳，復何疑哉。

經七十篇。后氏、戴氏。

存。此禮今文經也。劉歆曰：「此七十與後七十皆當作十七，計其篇數則然。」劉説是也。儀禮十七篇，惟士相見、大射、少牢饋食、有司徹四篇不言記。其有記者十有三篇，以易有大傳十翼并目爲經見前。例之，則十三篇之記，附於經，而記亦爲經矣。禮經本亦稱記，詳桂馥説，又義證。或以此當記百三十一篇之殘餘，失之。清四庫著録儀禮注疏十七卷。胡培翬有儀禮正義，遠勝舊疏。

記百三十一篇。七十子後學者所記也。

殘。此禮古文記也。前尚書首列古文經，次今文經，又次今文傳。此禮亦首列古經，次經，又次記，其次相似而實不同也。張揖曰：「叔孫通撰置禮記，文不違古。」上廣雅表。豈亦先有今文，後傳古文而同符耶？鄭玄曰：「漢興，高堂生得禮十七篇。後得孔氏壁中河間獻王古文禮五十六篇，記百三十一篇。」禮記正義引六藝論。又曰：「傳禮者十三家，惟高堂生及五傳弟子戴德、戴聖名在也。戴德傳記八十五篇，戴聖傳記四十九篇。」同上引六藝論。又曰：「奔喪實逸曲禮之正篇也。漢興，後得古文，而禮家又貪其説，因合于禮記耳。」禮記疏引鄭目録。又曰：「投壺亦實曲禮之正篇也。」同上引鄭目録。由此言之，則戴記者，後起禮家所集，而兼糅合古文逸經者也。禮器曰：「曲禮三千。」鄭注：「曲，猶事也。事禮，謂今禮也。」此鄭以曲禮爲即禮經之證。然此蓋鄭處漢末，已不見古文記，而爲此言也。許慎五經異義稱二戴爲今禮，亦同。且漢志明標今文易孟氏，而許説文敘云：易孟氏，古文也。其各據所見，不同如此。戴記爲古文之證頗多，司馬遷以五帝德、帝繫姓爲古文，史記五帝本紀而大戴禮有之。其證一。本志明言禮古經出魯淹中，及明堂陰陽、王史氏記，承上古經而言，故亦爲古記。而小戴記之月令、明堂位，別録屬明堂陰陽。其證二。則豈獨其間有糅合逸經者爲古文哉？成帝綏和元年，立二王後，推迹古文，以左氏、穀梁、世本、禮記相明。本書梅福傳。則凡禮記，明皆古文。二戴先成帝之世，當宣帝世，見儒林傳。豈便特異。且穀梁後爲今文，則禮記之後爲今文，亦宜也。凡諸經記，原本皆古文，後易而隸書，遂爲今文耳。彼今文古文之争，非其本然也。故別録有大戴禮藝文類聚五十五。又有禮記四十九篇，篇次與今禮記同名。釋文敍録。然釋文謂非小戴禮，則妄也。後書橋玄傳曰：「七世祖仁著禮記章句四十九篇。」仁即傳小戴記者，此可破隋志言馬融於小戴增益三篇之謬，戴震已言之。是必大、小戴記分見別録，而漢志本七略舊文，但存古文篇數，明可攝彼二戴也。隋志引晋司空陳劭謂二戴互删之説，錢大昕已闢其謬。錢大昕曰：「合大、小戴所傳而言，小戴記四十九篇，曲禮、檀弓、雜記皆以簡策重多，分爲上下，實止四十六篇。合大戴之八十五篇，正協百三十一之數。」廿二史考異。案陳壽祺左海經辨、邵懿辰禮經通論，黄以周禮書通考、皮錫瑞三禮通論均反對此説，坐未審耳。王聘珍曰：「禮察、保傅語及秦亡，乃孔子襄等所合藏。賈誼有取於古記，非古記采及新書也。三朝記、曾子乃劉氏分屬九流，非大戴所裒集也。」大戴記解詁序。其説皆是也。月令非吕覽月令，蔡邕、王肅説周公作。王制非漢文博士所作之王制，孫志祖讀書脞録，臧庸拜經日記。更不待言也。其間篇章，多有相同，陳壽祺左海經辨曰：「二戴記有投壺、哀公問兩篇，篇名同，大戴之曾子大孝篇，見小戴祭義，諸侯釁廟篇見小戴雜記，朝事篇自『聘禮諸侯務焉』見小戴聘義，本命篇自『有恩有義』至『聖人因殺以制節』，見小戴喪服四制，其他篇目尚多同者。」案陳氏於白虎通、蔡邕月令所引小戴記，今本無之，而亦謂是大戴之文，則非也。漢人小戴傳本亦不盡同也。逸經奔喪、投壺、諸侯遷廟、諸侯釁廟。而外，史、子混陳，史有夏小正、周書之謚法、文王官人，世本之五帝系。子有曾子，子思子、公孫尼子，孔子三朝記，家語之王言、儒行、本命、禮運，荀子之勸學、三年問、禮三本。則本七十子後學所記，叢雜無序，雖重出者亦劉班所不敢删也。子部多删併。惟公符篇明綴孝昭冠辭以下，其傳者附益歟。王應麟謂采自曲臺記，無據。後世小戴記僅存，大戴記殘闕。王仁俊曰：「漢時大戴八十五，今止三十九。諸書所稱逸禮，皆大戴也。如通典嘉禮引逸禮本命是也。蓋唐以後，大戴不立學官，故名逸禮。今考其在三十九篇外逸篇可徵者，如學禮、見賈誼傳。天子巡狩禮、内宰注。朝貢禮、聘禮注。朝事儀、覲禮注。烝嘗禮、射人注。中霤禮、月令注。王居明堂禮、月令注。古大明堂禮昭穆篇、續漢志注亦引之。説在祭祀志述明堂月令論，詩靈臺疏引政穆篇，即此。禘於太廟禮、少牢饋食禮注：「禘于大廟禮曰：日用丁亥。」疏：大戴禮文。禮運記、白虎通情性引。六情者，所以扶成五性也。別名記、白虎通聖人篇，又封公侯篇，詩汾沮洳疏引大戴辨名，即此。明堂曾子記、白虎通明堂。五帝紀、白虎通辟雍。王度記、曲禮疏，雜記注，鬱人疏、詩干旄疏引。五經異義轉引白虎通爵篇、封公侯篇、致仕諫諍篇、考黜文質篇、嫁娶篇。王霸記、大司馬注。瑞命記、論衡。三正記、少牢饋食禮疏、白虎通社稷篇、蓍龜篇、三正篇均兩引。泰山威德記、隋書牛宏傳。謚法，御覽五百六十二，文苑英華八百四十，白虎通號篇、謚篇同，北堂書鈔九十三引作謚法篇，風俗通引作號謚篇，逸玉篇謬下謚下諸條皆引謚法。共二十三篇。又曲禮漢書儒林王式傳：「在曲禮。」服注曰：「見大戴。」文王世子詩摽有梅、豳譜疏皆引大戴文王世子。禮器御覽五百二十九引五經異義，大戴禮禮器云云。諸書皆引入大戴，是大戴有此三篇，而今佚矣。合之共二十六篇。」漢時爾雅在禮中，公羊宣十二年傳注引禮「天子造舟」四句，疏以爲釋水文，可證一。白虎通三綱六紀篇引釋親文，爲禮親屬記；風俗通聲音篇引釋樂文，爲禮樂記，可證二。趙注孟子「館甥」引妻父曰外舅兩語，以爲禮記，可證三。臧庸、陳壽祺據廣雅表，謂禮有爾雅，可稱卓識。**漢志爾雅三卷二十篇，再合之，恰符所逸四十六篇之目。**以上王氏禮記篇目考，見國故第一期。王氏本不以爾雅二十篇充數，今以其説尚有難通，特足成之如此。又若釋文敘録引別録曰：「古文記二百四篇。」此當據凡漢世所得古文記而言。記百三十一篇，合明堂陰陽三十三篇，王史氏二十一篇，樂記二十三篇，孔子三朝記七篇，凡二百十五篇。除樂記二十三篇中之十一篇，已具百三十一篇記中不計，故爲二百四篇。隋志曰：「河間獻王得仲尼弟子及後學者所記一百三十一篇獻之。」至劉向考校經籍，檢得一百三十篇，又得明堂陰陽記三十三篇，孔子三朝記七篇，王氏史氏記二十一篇，樂記二十三篇，凡五種，合二百十四篇，此當據劉向後所校得者言之。禮記喪服四制孔疏云：「別録無此文。」此正劉向所校得者少一篇之證。故記百三十一篇，亦止百三十篇矣。合五種之數，當得二百十五篇，亦止二百十四篇矣。然則劉向別録必以古文記及二戴記分載之，漢志本劉歆七略，七略必以戴記多喪服四制一篇，正符古文記之數，不復分載，而二戴記之爲古文，愈可明也。錢大昕、陳壽祺俱見及此，惜尚不知分別觀之，故黄以周禮書通故，並詆錢、陳，從而爲二戴今古文雜糅之説，亦正坐未審耳。**是記百三十一篇，猶班班可考也。**記猶叢書，復別出孔子三朝記、爾雅等篇，猶之單行本也。**唐後，大戴禮無傳學者，此亦中國禮教自唐而衰之徵也。清四庫著録禮記正義六十三卷，孔廣森、汪照皆有大戴禮補注。**王聘珍大戴禮解詁較勝。

明堂陰陽三十三篇。古明堂之遺事。

殘。劉臺拱曰：「今小戴月令、明堂位，於別録屬明堂陰陽。而大戴記之盛德，實記古明堂遺事，此三篇其僅存者。」漢學拾遺。**然則此三十三篇者，必有記百三十一篇中之重篇在矣。**

王史氏二十一篇。七十子後學者。◯師古曰：「劉向別録云六國時人也。」

亡。隋志作王氏、史氏，似誤。廣韻曰王史，複姓。

曲臺后倉九篇。◯如淳曰：「行禮射於曲臺，后倉爲記，故名曰曲臺記。漢官曰大射于曲臺。」晉灼曰：「天子射宮也。西京無太學，於此行禮也。」

亡。儒林傳曰：「倉説禮數萬言，號曰后氏曲臺記。」七略曰：「宣皇帝時，行射禮，博士后倉爲之辭，至今記之，曰曲臺之記。」文選注六十引。三輔黄圖明言「太學在長安西北七里」，是晉灼説西京無太學，非也。

中庸説二篇。◯師古曰：「今禮記有中庸一篇，亦非本禮經，蓋此之流。」

亡。以志既有明堂陰陽，又有明堂陰陽説爲例，則此非今存戴記中之中庸，明也。

明堂陰陽説五篇。

亡。

周官經六篇。王莽時劉歆置博士。◯師古曰：「即今之周官禮也，亡其冬官，以考工記充之。」

存。清四庫著録周禮正義四十二卷。孫詒讓周禮正義精博，遠勝舊疏。荀子曰：「刑名從商，爵名從周。」楊倞注：「爵名從周，謂五等諸侯及三百六十官也。」正名篇。蓋是也。故曰三代雖亡，治法猶存也。漢文帝得魏樂人竇公書，乃周官大宗伯之大司樂章。武帝議封禪，群儒采封禪尚書、周官、王制之事。史記封禪書。河間獻王亦采周官及諸子言樂事者，作樂記。隋志曰：「漢時有李氏得周官，上於河間獻王，獨闕冬官一篇。獻王購以千金，不得，遂取考工記以補其處，合成六篇，奏之。」蓋漢猶先得其一章，後得其全書，而復不完也。後漢書儒林傳、太平御覽學部引楊物理論。俱謂周官出孔壁，孫詒讓已辨其誤。或謂周官即尚書之周官，馬融、鄭玄已斥其失。然周官、周禮異名者，班志蓋本七略。故稱周官經。王莽居攝三年九月，劉歆爲羲和，與博士諸儒議云「發得周禮，以明因監」。見莽傳。故荀悦漢紀曰：「劉歆以周官經六篇爲周禮。王莽時，歆奏以爲禮經置博士。」卷二十五。此亦可徵歆奏定七略與仕莽朝絶然兩事。而末世妄人詆歆爲莽僞造周官一書，非真吠影吠聲之談哉。

周官傳四篇。

亡。傳者，對經之名，則西漢傳周官經者所爲，蓋如尚書大傳之類也。漢人讀書有二法：其一曰訓詁舉大義，通儒以徧讀群經百家之書者也；其二曰章句義理，所謂章句鄙儒，則即經生博士，抱一經以登利禄之途者也。尚書大傳非章句也。左氏傳初亦以多古字古言，學者傳訓故而已。丁寬治易，亦訓詁舉大義，蓋西漢初師風尚如是。以此相例，則周官傳雖亡，猶可推而知。漢武時，諸儒及河間獻王皆嘗剌取周官著書，則周官不與書禮二經之逸篇絶無師説者同科，宜至劉歆而得立於學官博士也。誰謂周官西漢無傳授者哉？俞正燮癸巳類稿有此說。近劉師培有西漢周官師説考二卷。

軍禮司馬法百五十五篇。

殘。七略本列在兵權謀家，班氏出彼入此也。齊威王使大夫追論古者司馬兵法，而附穰苴於其中，因號曰司馬穰苴兵法。司馬遷曰：「余讀司馬兵法，閎廓深遠，雖三代征伐，未能竟其義，如其文也。」史記司馬穰苴傳。隋志兵家司馬法三卷，清四庫兵家著録一卷。鄭注中庸「素隱行怪」，引司馬法文。

古封禪群祀二十二篇。

亡。史記封禪書或有采取於是者。

封禪議對十九篇。武帝時也。

亡。

漢封禪群祀三十六篇。

亡。

議奏三十八篇。石渠。

亡。沈欽韓曰：「石渠禮議，唐時尚存，詩既醉疏、禮王制疏俱引石渠論，通典尤多所引。」

凡禮十三家，五百五十五篇。入司馬法一家，百五十五篇。

今計古文經古文記合一家，今文經一家，明堂陰陽至明堂陰陽説共五家，周官經傳合一家，軍禮司馬法以下共五家，合計十三家。經七十卷，正作十七篇，合計五百五十四篇，少一篇。

易曰：「有夫婦父子君臣上下，禮義有所錯。」○師古曰：「序卦之辭也。錯，置也。音千古反。」

此約文言之也。易序卦曰：「有天地，然後有萬物；有萬物，然後有男女；有男女，然後有夫婦；有夫婦，然後有父子；有父子，然後有君臣；有君臣，然後有上下；有上下，然後禮義有所錯。」豊、禮古今字。豊者，蠡也。爾雅釋魚釋文「鱧或作蠡」，朱駿聲曰「鱶當爲鱧之或體」，皆豊、蠡可通之證。蓋蠡者蛤蜊也，豊從豆上正象蠡形也。蠡者，薆也。説文「薆，蠡也」，廣雅釋器「薆，瓢也」。案一瓢劙爲二，謂之薆也。夫婦之所以合巹也。巹、薆字通。故禮始於夫婦也。中庸曰：「君子之道，造端乎夫婦。」

而帝王質文，世有損益，至周曲爲之防，事爲之制。○師古曰：「委曲防閑，每事爲制也。」故曰：「禮經三百，威儀三千。」○韋昭曰：「周禮三百六十官也。三百，舉成數也。」臣瓚曰：「禮經三百，謂冠、婚、吉、凶。周禮三百，是官名也。」師古曰：「禮經三百，韋說是也。威儀三千，乃謂冠、婚、吉、凶，蓋儀禮是也。」

孔子曰：「虞夏之質，殷周之文，至矣。虞夏之文，不勝其質。殷周之質，不勝其文。」禮記表記。「周監於二代，郁郁乎文哉！吾從周。」論語。蓋三王不相襲禮，五帝不相沿樂，文質代變，帝王亦應時之芻狗耳。「禮經三百，威儀三千」者，中庸曰：「禮儀三百，威儀三千。」禮器曰：「經禮三百，曲禮三千。」其實一也，禮經具在，無煩贅釋。即士禮十七篇。威儀則曲禮、少儀、内則、玉藻、弟子職之屬也。王應麟曰：「朱文公從漢書臣瓚注，謂儀禮乃經禮也，曲禮皆微文小節，如曲禮、少儀、内則、玉藻、弟子職，所謂威儀三千也。」後人多宗朱子之說。若夫三百，舊說有以周官三百六十當之者，誤也。

及周之衰，諸侯將踰法度，惡其害己，皆滅去其籍，自孔子時而不具，至秦大壞。

孔子追跡三代之禮，故曰：「吾說夏禮，杞不足徵也。吾學殷禮，有宋存焉。吾學周禮，今用之，吾從周。」禮記中庸。是故禮者包三代而言，不獨周也。孟子曰：「諸侯惡其害己也，而皆去其籍。」萬章上篇。此班志所本也。然諸侯去之，而周室抱殘守缺之史猶存也。春秋戰國之史，皆隸王官，非諸侯之臣。詳章炳麟檢論春秋故言。故孟子猶曰：「然而軻也，嘗聞其略也。」不然，孟軻惡自而聞之哉。莊子曰：「其明而在數度者，舊法世傳之史尚多有之。」天下篇。荀子曰：「循法則度量刑辟圖籍，不知其義，謹守其數，慎不敢損益也。父子相傳，以持王公。是故三代雖亡，治法猶存，是官人百吏之所以取祿秩也。」榮辱篇。百吏亦百史也。諸侯雖去其籍，而百史之守，未盡墜於地也。中庸曰：「文武之政，布在方策。」論語曰：「文武之道未墜於地，在人，賢者識其大者。不賢者識其小者。」是亦俱可互證。不然，何待秦火而付之一炬哉。

漢興，魯高堂生傳士禮十七篇，訖孝宣世，后倉最明。戴德、戴聖、慶普皆其弟子，三家立於學官。

士禮十七篇，即今文經十七篇也。高堂生者，謝承曰：「秦季，魯人高堂伯。」則伯其字也。史記儒林傳索隱。高堂生授二戴、慶普，儒林傳詳之。

禮古經者，出於魯淹中◯蘇林曰：「里名也。」及孔氏，學七十篇文相似，多三十九篇。及明堂陰陽、王史氏記所見，多天子諸侯卿大夫之制，雖不能備，猶瘉倉等推士禮而致於天子之說。◯師古曰：「瘉與愈同。愈，勝也。」

劉敞曰：「學七十篇，當作與十七篇文相似。五十六卷除十七，正多三十九也。」劉說是也。禮古經出淹中者，河間獻王所得。隋志曰：「古經出於淹中，河間獻王好古愛學，收集餘燼，得而獻之，合五十六篇，並威儀之事。」是也。其出於孔氏者，魯恭王壞孔壁所得，而孔安國獻之也。論衡佚文篇曰：「魯恭王發孔子宅，得禮三百，上言武帝。武帝遣吏發取。」說復微異。鄭玄曰：「後得孔氏壁中，河間獻王古文禮五十六篇。」亦二事並舉也。以多三十九篇及明堂陰陽、王史氏記，其比於三代之禮，良多殘闕。然比於士禮十七篇，則所差懸殊。故曰「所見多天子諸侯卿大夫之制，雖不能備，猶瘉倉等推士禮而致於天子之說」也。惜哉！終漢之世，三十九篇古經，莫爲傳說，名曰逸禮，而終逸矣。雖明堂陰陽、王史氏記，亦盡逸矣。使後之人，觀古不詳，莫遺憾甚矣。近劉師培有逸禮考，未刊。

以上禮

樂記二十三篇。

殘。小戴記有樂記篇。孔穎達曰：「此於別録屬樂記，蓋十一篇合爲一篇，謂有樂本，有樂論、有樂施、有樂言、有樂禮、有樂情、有樂化、有樂象、有賓牟賈、有師乙、有魏文侯。今雖合此，略有分焉。十一篇入禮記，在劉向前也。至劉向爲別録時，更載所入樂記十一篇，又載餘十二篇，總爲二十三篇也。別録十一篇下次奏樂第十二、樂器第十三、樂作第十四、意始第十五、樂穆第十六、説律第十七、季札第十八、樂道第十九、樂義第二十、昭本第二十一、招頌第二十二、竇公第二十三，是也。」樂記疏。惜此十二篇不入戴記而竟亡也。

王禹記二十四篇。

亡。王禹事見後。

雅歌詩四篇。

亡。

雅琴趙氏七篇。名定，渤海人，宣帝時，丞相魏相所奏。

亡。别録曰：「宣帝元康、神爵間，能鼓琴者渤海趙定。」藝文類聚四十四。

雅琴師氏八篇。名中，東海人，傳言師曠後。

亡。别録曰：「師氏雅琴者，名忠，東海下邳人。」北堂書鈔一百九。師曠後者，古者學以世傳，蓋出於家學也。

雅琴龍氏九十九篇。名德，梁人。○師古曰：「劉向别録云亦魏相所奏也。與趙定俱召見待詔，後拜爲侍郎。」

亡。別録曰：「雅琴之意，皆出龍德諸琴雜事中。」藝文類聚四十四。

凡樂六家，百六十五篇。出淮南、劉向等琴頌七篇。

今計家數篇數悉符。

易曰：「先王作樂崇德，殷薦之上帝，以享祖考。」○師古曰：「豫卦象辭也。殷，盛也。」

故自黄帝下至三代，樂各有名。

樂者，樂也。凡樂，樂其所生。本書禮樂志。天地者，生之本也；先祖者，類之本也。大戴禮禮三本。通典曰：「黄帝作咸池，少皥作大淵，顓頊作六莖，帝嚳作五英，堯作大章，舜作大韶，禹作大夏，湯作大濩，周武王作大武，周公作大勺。又有房中之樂，歌以后妃之德。」

孔子曰：「安上治民，莫善於禮，移風易俗，莫善於樂。」○師古曰：「孝經載孔氏之言。」二者相與並行。

樂記曰：「天高地下，萬物散殊，而禮制行矣。流而不息，合同而化，而樂興焉。故聖人作樂以應天，制禮以配地，禮樂明備，天地官矣。」

周衰俱壞，樂尤微眇，以音律爲節，○師古曰：「眇，細也。言其道精微，節在音律，不可具於書。眇亦讀曰妙。」又爲鄭衛所亂，故無遺法。

此言樂至周末而亡也。魏文侯問於子夏曰：「吾端冕而聽古樂，則唯恐臥，聽鄭衛之音，則不知倦。敢問古樂之如彼，何也？新樂之如此，何也？」子夏對曰：「今君之所問者，樂也，所好者，音也。夫樂者，與音相近而不同。」樂記曰：「感於物而動，故形於聲，聲相應，故生變，變成方，謂之音。比音而樂之，及干戚羽旄，謂之樂。」蓋音與樂不同，故子夏云然也。帝王作樂，原以告成功於神明。干戚羽旄，皆古之武器，故亦神樂亦軍樂也。戰國紛爭，則告成功於神明也難。重以戰術進步，戰國比春秋迴不相侔，更何論乎周初？此雅樂根本消滅之由也夫。

漢興，制氏以雅樂聲律，世在樂官，頗能紀其鏗鏘鼓舞，而不能言其義。◯師古曰：「鏗音初衡反。」

服虔曰：「制氏，魯人，善樂事也。」本書禮樂志注。世在樂官者，即荀子所謂「不知其義，謹守其數，父子世傳，以持王公」者也。三代之制，在官世業，西漢而後，此風替矣。

六國之君，魏文侯最爲好古，孝文時，得其樂人竇公，◯師古曰：「桓譚新論云：竇公年百八十歲，兩目皆盲。文帝奇之，問曰：何因至此？對曰：臣年十三失明，父母哀其不及衆技，教鼓琴；臣導引，無所服餌。」獻其書，乃周官大宗伯之大司樂章也。

魏文侯受經於子夏，作孝經傳，六國之君，尊儒好古，莫文侯若也。故戰國初世，魏最强，其後弱者，後嗣之衰也。齊召南曰：「竇公事見正史，必得其實，但桓譚言百八十歲，則可疑也。魏文侯在位三十八年，而卒時爲周安王十五年。自安王十五年，計至秦二世三年，即已一百八十一年矣。又加高祖十二年，惠帝七年，高后八年，而孝文始即帝位，則是二百零八年也。竇公在魏文侯時已爲樂工，則其年必非甚幼，至見文帝又未必即在元年，則其壽蓋二百三四十歲矣，謂之百八十歲，可乎？」漢書考證。齊説甚辨而碻。以此例之，則老子壽二百餘歲，亦非不可有之事也。周官者，其書蓋合百官之制而成，散之，則仍分寓於各官之守。竇公有書，其一徵也。

武帝時，河間獻王好儒，與毛生等共采周官及諸子言樂事者，以作樂記，獻八佾之舞，與制氏不相遠。其内史丞王定傳之，以授常山王禹。禹，成帝時爲謁者，數言其義，○師古曰：「數音所角反。」獻二十四卷記。

此即王禹記二十四篇，亦名樂記者也，與二十三篇樂記絶不相蒙，不可不辨也。王禹記作自河間獻王與毛生等。毛生蓋即毛萇，爲獻王博士，號曰小毛公者歟。獻王好儒，多得古書，詳本書禮樂志及河間獻王傳。武帝時，獻王來朝，獻雅樂，對三雍宫。然史記景十三王傳記獻王事甚略，則亦如記魯恭王事以記之也。説詳前論魯恭王事。

劉向校書，得樂記二十三篇，與禹不同，其道寖以益微。○師古曰：「寖，漸也。」

言古樂記與王禹記不同，因是王禹記遂益以漸微也。

以上樂

春秋古經十二篇。

存。此左氏春秋古文經也。河間獻王立左氏春秋博士。本書景十三王傳。許慎曰：「北平侯張蒼獻春秋左氏傳。」說文敘。蒼遠在獻王前，蓋經亦蒼所獻也。十二篇者，春秋十二公，公各爲篇也。莊子天道篇釋文：「一云春秋十二公經。」左氏明有古經，故今文博士謂左氏不傳春秋劉歆傳、後漢書范升傳、晉書王接傳。者妄也。

經十一卷。公羊、穀梁二家。

存。此公羊、穀梁二家春秋今文經也。何休曰：「繫閔公篇于莊公下。」公羊閔二年傳。蓋二家以閔公事短，不足成篇，併合之，故十一卷。卷亦篇也。

左氏傳三十卷。左丘明，魯太史。

存。孔子家語曰：「孔子將修春秋，與左丘明乘如周，觀書於周史，歸而修春秋之經，丘明爲之傳，共爲表裏。」左傳杜序正義引陳沈文阿曰「嚴氏春秋引觀周篇」云云，此真孔子家語觀周篇，引於漢人，非今王肅僞造孔子家語觀周篇也。嚴氏者，嚴彭祖也。漢興，張蒼獻左氏傳，論衡案書篇曰：「魯共王壞孔子教授堂以爲宮，得佚春秋三十篇，左氏傳也。」蓋非事實。亦稱春秋古文。故司馬遷曰：「余讀春秋古文，乃知中國之虞與荆蠻句吴兄弟也。」史記吴世家。案劉歆傳亦曰，歆校秘書，見古文春秋左氏傳。桓譚曰：「左氏傳之與經，猶衣之表裏，相待而成，有經而無傳，使聖人閉門思之，十年不能知也。」御覽六百十引新論。班固曰：「初，左氏傳多古字古言，學者傳訓故而已。及劉歆治左氏引傳文以解經，轉相發明，由是章句義理備焉。」本書楚元王傳。故沈欽韓曰：「戰國諸子嘗睹春秋傳而成書，如韓非姦劫弒臣篇，『春秋記之曰：楚王子圍將聘於鄭，未出境，聞王病而反』云云，此全依左氏傳也。故十二諸侯年表序云：『鐸椒、虞卿、吕不韋之徒，各捃摭春秋之文以著書。』是先秦周末，並鑽研窺望其學，獨屈抑於漢耳。」漢書疏證。沈説以左氏不立學官爲屈抑，未必盡然。終漢之世，經傳别行，服虔左氏傳注猶不言經，是其驗也。杜預作經傳集解而後，遂不别行。左傳疏。清四庫著録春秋左傳正義六十卷，然劉文淇左傳正義，遠勝孔疏。輓近佻説流行，能駁正者，章炳麟春秋左傳讀敘録最精詳。史記十二諸侯年表曰「魯君子左丘明」，蓋以内外傳中「君子曰」皆丘明自稱也。韓非子外儲説左上篇引宋襄公泓之戰事，有「君子曰」。雖誤，然必因左氏有此文而誤矣。妄人謂「君子曰」皆劉歆僞竄，真瞽説也。

公羊傳十一卷。公羊子，齊人。○師古曰：「名高。」

存。公羊傳授，儒林傳詳之。清四庫著録春秋公羊傳注疏二十八卷。陳立公羊義疏遠勝舊疏。

穀梁傳十一卷。穀梁子，魯人。○師古曰：「名喜。」

存。尸子曰：「穀梁俶傳春秋十五卷。」元和姓纂一屋穀梁姓下引。漢止十一卷者，蓋後師有所刊落也。新語道基篇引穀梁傳，今傳無之，即其證。然穀梁子一人四名，曰俶、又誤作「淑」。曰喜、別本漢書又誤作「嘉」。曰寘、論衡案書篇。曰赤，殆聲之訛轉也。桓譚新論曰：「左氏傳世後百餘年，魯穀梁赤爲春秋，殘略多所遺失。又有齊人公羊高緣經文作傳，彌離其本事矣。」御覽六百十引。此公、穀之先後也。班志先公羊者，蓋以其傳學之盛歟。清四庫著録春秋穀梁傳注疏二十卷。鍾文烝穀梁補注未佳。

鄒氏傳十一卷。

亡。鄒或作騶。王吉能治騶氏春秋。見漢書本傳。

夾氏傳十一卷。有録無書。○師古曰：「夾音頰。」

亡。有録無書者，蓋二劉雖著録，而西京秘府無其書也。隋志曰：「王莽之亂，鄒氏無師，夾氏亡。」然後書范升傳曰：「春秋之家，又有騶、夾。今左氏得置博士，騶、夾並復求立。」則秘府雖亡，而其私學仍未絶也。沈欽韓說。

左氏微二篇。◯師古曰：「微謂釋其微指。」

亡。沈欽韓曰：「微者，春秋之支別，顔籀解非。」

鐸氏微三篇。楚太傅鐸椒也。

亡。司馬遷曰：「鐸椒爲楚威王傅，爲鐸氏微。」十二諸侯年表。别録曰：「左丘明授曾申，申授吴起，起授其子期，期授楚人鐸椒。鐸椒作抄撮八卷，授虞卿。」王應麟考證引。

張氏微十篇。

亡。

虞氏微傳二篇。趙相虞卿。

亡。别録曰：「虞卿作抄撮九卷，授荀卿，卿授張蒼。」王應麟考證引。

公羊外傳五十篇。

亡。沈欽韓曰：「蓋董仲舒玉杯、蕃露、清明、竹林之類。」然春秋繁露一書，本志無明文。

穀梁外傳二十篇。

亡。

公羊章句三十八篇。

亡。

穀梁章句三十三篇。

亡。釋文敘録曰：「尹更始穀梁章句十五卷。」是西漢爲穀梁章句者。但尹書本志無明文。

公羊雜記八十三篇。

亡。公孫弘學春秋雜説。史記平津侯傳。弘習公羊蓋此類。

公羊顏氏記十一篇。

亡。沈欽韓曰：「顏安樂所説，熹平石經公羊碑有顏氏説。」

公羊董仲舒治獄十六篇。

亡。後書應劭傳曰：「董仲舒作春秋決獄二百三十二事。」

議奏三十九篇。石渠論。

亡。儒林傳曰：「蕭望之等，平公羊、穀梁同異。」後書陳元傳曰：「孝宣爲石渠論而穀梁氏興。」

國語二十一篇。左丘明著。

存。司馬遷曰：「左丘失明，厥有國語。」史記自序。班固曰：「孔子因魯史記而作春秋，而左丘明論輯其本事以爲之傳，又纂異同爲國語。」司馬遷傳贊。韋昭曰：「丘明復采録前世穆王以來，下訖魯悼、智伯之誅，以爲國語。其文不主於經，故號曰外傳。」國語解敘。案本書律曆志稱春秋外傳。劉熙釋名亦曰國語曰外傳。論衡案書篇曰：「國語，左氏之外傳也。」清四庫史部雜史類著録國語二十一卷。以宋天聖、明道本國語爲佳。

龔麗正有國語章昭注疏，董增齡有國語正義。

新國語五十四篇。劉向分國語。

亡。本舊有國語而分之，故曰新國語，即重行編定之書也。

世本十五篇。古史官記黄帝以來訖春秋時諸侯大夫。

亡。劉向曰：「世本，古史官明於古事者所記也，録黄帝以來帝王諸侯及卿大夫系謚名號，凡十五篇。」史記集解序索隱引。案本書司馬遷傳贊，後漢書班彪傳説略同。趙岐孟子滕文公篇注，引古紀世本。史通書志篇曰：「周撰世本，式辨諸宗。」雜述篇曰：「世本辨姓，著自周室。」蓋俱本別録。顔之推曰：「皇甫謐帝王世紀說，世本左丘明所書，而有燕王喜、漢高祖，由後人所羼，非本文也。」顏氏家訓書證篇。蓋皇甫氏誤讀漢書司馬遷傳贊，而云丘明作也。豈知司馬遷傳贊明言又有世本，其不蒙上文丘明作，而與有戰國策，有楚漢春秋，並列甚明。且下文言司馬遷據左氏國語，采世本云云，其不言據左氏國語、世本，皆班氏不言世本丘明作之證。自皇甫氏一誤，而後世猶有承其誤者，不可不辨也。章宗源隋書經籍志考證，亦誤解丘明作。然史通曰：「楚漢之際，有好事者，録自古帝王公侯卿大夫之世，終乎秦末，號曰世本，十五篇。」正史篇。豈世本有二，古史所述，與楚漢間人所録，異書同名耶？清孫馮翼、雷學淇、張澍、秦嘉謀咸有世本輯本。

戰國策三十三篇。記春秋後。

殘。朱一新曰：「今高誘、姚宏注本雖分三十三卷，實已缺一篇，蓋後人分析以求合三十三篇之數也。」漢書管見。清四庫史部雜史類著録戰國策注三十三卷。

奏事二十篇。秦時大臣奏事，及刻石名山文也。

亡。但今存金石刻文尚不鮮。羅振玉有刊行秦金石刻辭。

楚漢春秋九篇。陸賈所記。

亡。沈欽韓曰：「隋志九卷，唐志二十卷，御覽引之，經籍考不載，蓋亡於南宋。」

太史公百三十篇。十篇有録無書。

存。清四庫史部正史類著録史記一百三十卷。王先謙曰：「隋志題史記，蓋晉後著録，改從今名。王應麟考證載呂氏祖謙說，以張晏所列亡篇之目校之：一、景紀篇在；二、武紀亡；三、漢興以來將相年表書在，闕敘；四、禮書自『禮由人起』以下，草具未成；五、樂書自『凡音之成』而下，草具未成；六、律書自『書曰七正二十八舍』以下，草具未成；七、三王世家所載，惟奏請及策書，或如五宗世家，略敘自出，亦未可知；八、傅靳蒯成傳篇在，非褚先生補；九、日者傳自『余志而著之』以上，皆史公本書；十、龜筴傳自『褚先生曰』以下，乃所補也。」由此觀之，則班言無書，特就中秘所藏言之耳。

馮商所續太史公七篇。○韋昭曰：「馮商受詔續太史公十餘篇，在班彪別録。商字子高。」師古曰：「七略云商陽陵人，治易，事五鹿充宗，後事劉向，能屬文，後與孟柳俱待詔，頗序列傳，未卒，病死。」

亡。馮商續太史公書，而書自別行，則凡續太史公書者，不必盡羼合爲一也。劉知幾曰：「劉向、向子歆及諸好事者，若馮商、衛衡、揚雄、史岑、梁審、肆仁、晉馮、段肅、金丹、馮衍、韋融、蕭奮、劉恂等相次撰續。」史通正史篇。案當有所本。則續者不止馮商一人，蓋餘俱中秘所不藏，故劉略、班志不録歟。

太古以來年紀二篇。

亡。鄭玄曰：「燧人至伏羲一百八十七代」，六藝論。又春秋命曆序分開闢至獲麟爲十紀，皆漢古說。

漢著記百九十卷。○師古曰：「若今之起居注。」

亡。著、注，古字通；著記，即注記也。律曆志言漢諸帝著紀。史記武紀正義引漢書起居。

漢大年紀五篇。

亡。

凡春秋二十三家，九百四十八篇。省太史公四篇。

今計古經至虞氏微共十一家，公羊顔氏至漢大年紀共十二家，合計廿三家。種合一家，太史公及續合一家，而公穀外傳、章句、雜記則分攝於公穀中不計也。其公穀二家經各十一卷，合得九百一篇，少四十七篇。兵權謀、兵技巧皆有班注省伊尹、省墨子云云，蓋本七略兩載而班志省之。然太史公書無重見，此不知所省何篇也。

古之王者，世有史官，君舉必書，所以慎言行，昭法式也。

王念孫曰：「式本作戒，字之誤也。左傳序正義引此，正作戒。」讀書雜志。是也。不獨王者，戰國之世，趙簡子、孟嘗君皆有侍史，故古之史多矣。詳史通正史篇。

左史記言，右史記事，事爲春秋，言爲尚書，帝王靡不同之。

玉藻曰：「動則左史書之，言則右史書之。」蓋傳聞異辭。劉子玄曰：「尚書家者，其先出於太古。至孔子觀書于周室，得虞、夏、商、周四代之典，乃删其善者，定爲尚書百篇。春秋家者，其先出於三代。案汲冢瑣語，太丁時事，目爲夏殷春秋。國語曰，晉羊舌肸習于春秋。左傳昭二年，晉韓宣子來聘，見魯春秋。斯則春秋之目，事匪一家。故墨子曰『吾見百國春秋，』蓋指此也。」史通六家篇。

周室既微，載籍殘缺，仲尼思存前聖之業，乃稱曰：「夏禮吾能言之，杞不足徵也；殷禮吾能言之，宋不足徵也。文獻不足故也，足則吾能徵之矣。」○師古曰：「論語載孔子之言也。徵，成也。獻，賢也。孔子自謂能言夏、殷之禮，而杞、宋之君，文章賢材不足以成之，故我不得成此禮也。」以魯周公之國，禮文備物，史官有法，故與左丘明觀其史記，據行事，仍人道，○師古曰：「仍亦因也。」因興以立功，就敗以成罰，假日月以定曆數，藉朝聘以正禮樂。有所褒諱貶損，不可書見，口授弟子。

此述孔子所以作春秋也。諸侯惡周禮之害己，而皆去其籍。夏殷之後，宜秉先典，顧文獻不足。文不足者，書策缺也；獻不足者，耆舊喪也。惟魯宗國，猶秉周禮，故韓宣子來聘，觀書於太史氏，見易象與魯春秋，曰：「周禮盡在魯矣。」孔子因魯文獻而作春秋，故曰：「殷因於夏禮，所損益可知也；周因於殷禮，所損益可知也。其或繼周者，雖百世可知也。」使前聖後聖，繼承不已，文獻可徵。文則十二公經也，獻則師弟授受也。孔子之所以功高百氏者此也。且列國史臣出自王官，別有考。如晉之董狐，左宣三年。齊之太史，左襄二十五年。咸奮直筆。孔子匹夫庶人，而欲藉春秋之直筆，以垂一王之大法，愈非其職也，然而不得已也。故曰：「知我者其唯春秋乎，罪我者其唯春秋乎。」至其褒諱貶損當世，大抵尊中國，攘夷狄，譏世卿，進平民，最爲落落大者。不可書見，口授弟子者，幾不密則害成，謀不密則亡身，是故易者，文王之陰謀革命書也；春秋者，孔子之陰謀革命書也。秦漢之際，陳涉首發難，孔鮒持孔氏禮器往從之，非乃祖尼父之教也哉。史記以陳涉世家次孔子世家後，馬遷猶明此義，蓋文王、孔子皆運厄陽九，不得已也。

弟子退而異言。○師古曰：「謂人執所見，各不同也。」丘明恐弟子各安其意，以失其真，故論本事而作傳，明夫子不以空言説經也。春秋所貶損大人當世君臣，有威權勢力，其事實皆形於傳，是以隱其書而不宣，所以免時難也。

此明左丘明所以作傳也。孔子絶四，毋意、毋必、毋固、毋我，故病夫學者説經之各安其意也。司馬遷曰：「孔子明王道，干七十餘君莫能用，故西觀周室，論史記舊聞，興於魯而次春秋，上記隱，下至哀之獲麟，約其辭文，去其煩重，以制義法，王道備，人事浹。七十子之徒口受其傳指，爲有所刺譏褒諱挹損之文辭不可以書見也。魯君子左丘明懼弟子人人異端，各安其意，失其真，故因孔子史記具論其語，成立左氏春秋。鐸椒爲楚威王傳，爲王不能盡觀春秋，采取成敗，卒四十章，爲鐸氏微。趙孝成王時，其相虞卿上采春秋，下觀近勢，亦著八篇，爲虞氏春秋。呂不韋者，秦莊襄王相。亦上觀尚古，删拾春秋，集六國時事，以爲八覽六論十二紀，爲呂氏春秋。及如荀卿、孟子、公孫固、韓非之徒，各往往捃摭春秋之文以著書，不可勝紀。」史記十二諸侯年表。由此言之，左氏傳其書雖隱，不如詩書禮樂四術，可公宣於君卿大夫間，然其授受有人，則未嘗不廣布於學者之間也。

及末世口説流行，故有公羊、穀梁、鄒、夾之傳。四家之中，公羊、穀梁立於學官，鄒氏無師，夾氏未有書。

孔子作春秋，起於獲麟之年，亦絶筆於獲麟，距臨殁纔二年，故弟子受師説，蓋尚多明而未融，况末世口説行，浸以失真。桓譚所謂「左氏傳世後百餘年，穀梁、公羊方作」是也。公、穀、鄒、夾説俱見前。

以上春秋

論語古二十一篇。出孔子壁中，兩子張。◯如淳曰：「分堯曰篇後子張『問何如可以從政』以下爲篇，名曰從政。」

亡。此孔壁古文論語也。論見前古文尚書下。何晏曰：「魯恭王壞孔子宅，得古文論語。古論惟孔安國爲之訓說，而世不傳。馬融亦爲之訓說。鄭玄就魯論篇章，考之齊、古爲之註。」論語集解序。然何晏既云孔安國訓說不傳，而其論語集解又采孔安國注，蓋出晏等所僞作歟。沈濤論語孔注辨僞，已詳之。馬注久佚，鄭注則近有燉煌石室所出論語注殘本，僅四卷，題曰孔氏本，鄭氏注，蓋唐人寫者誤題，以爲孔安國古文論語本也。

齊二十二篇。多問王、知道。◯如淳曰：「問王、知道皆篇名也。」

亡。此今文論語也。問王者，問玉也。古王、玉字形近易混。許慎說文玉部有孔子論玉語，正出齊論，故爲今存魯論所無。

魯二十篇。

存。此亦今文論語也。鄭玄就魯論篇章，考之齊、古爲之注，今存殘本四卷。何晏曰：「魯論，陳群、王肅、周生烈皆爲義說。今集諸家之善，名曰論語集解。」論語集解序。此論語集解本又有二，宋邢昺論語注疏及梁皇侃論語義疏是也。皇本久佚，自日本還歸。清劉寶楠論語正義考證較舊疏爲詳。

傳十九篇。〇師古曰：「解釋論語意者。」

亡。舊本與魯二十篇不分行，蓋魯傳也。

齊説二十九篇。

亡。王吉傳曰：「王陽説論語。」但王陽書，本志無明文。

魯夏侯説二十一篇。

亡。夏侯勝傳曰：「受詔撰論語説。」

魯安昌侯説二十一篇。〇師古曰：「張禹也。」

亡。事詳禹傳。

魯王駿説二十篇。〇師古曰：「王吉子。」

亡。王吉子者，家學也。

燕傳説三卷。

亡。

議奏十八篇。石渠論。

亡。

孔子家語二十七卷。◯師古曰：「非今所有家語。」

亡。今本依託。馬昭曰：「家語王肅所增加。」禮記樂記疏。沈欽韓曰：「肅惟取婚姻、喪祭、郊禘、廟祧與鄭不同者，羼入家語，以矯誣聖人。其他固已有之，未可竟謂肅所造也。」漢書疏證。沈説不盡然，家語篇目猶舊可據，而内容則多所增竄，不僅婚姻、喪祭諸端也。

孔子三朝七篇。◯師古曰：「今大戴禮有其一篇，蓋孔子對魯哀公語也。三朝見公，故曰三朝。」

存。此在禮記中而復别出者也。别録曰：「孔子三見哀公，作三朝記七篇。今在大戴禮。」藝文類聚五十五。案大戴禮出於百三十一篇古文記，中有三朝記，别録以重出之三朝記，而云今在大戴禮者，蓋明世儒所傳習也。沈欽韓曰：「今大戴記千乘、第六十七。四代、六十八。虞戴德、六十九、誥志、第七十。小辨、七十四。用兵、七十五。少閒七十六。七篇。顔籀僅云有一篇，彼蓋未見大戴記也。」

孔子徒人圖法二卷。

亡。司馬遷曰：「弟子籍，出古文近是。」史記仲尼弟子傳贊。沈欽韓曰：「文翁石室圖，七十二弟子舊有圖法，皆出壁中者也。」葉德輝曰：「今漢武梁祠石刻畫像有曾子母投杼、閔子御後母車及子路雄冠佩劍事，冠作雉形，可想見其遺法。」

凡論語十二家，二百二十九篇。

今計魯及傳合一家，故合計十二家，二百三十篇，多一篇。

論語者，孔子應答弟子時人及弟子相與言而接聞於夫子之語也。當時弟子各有所記。夫子既卒，門人相與輯而論篹，故謂之論語。◯師古曰：「輯與集同。篹與撰同。」

此釋論語一書命名之義也。語謂言語也，論謂撰論也。先有孔子與弟子時人及弟子相與言之語，而後及門人論篹，以成此書也。門人，弟子也。檀弓鄭注。鄭玄曰：「論語，仲弓、子夏等所撰定。」論語釋文引。崇爵讖曰：「子夏六十四人，共撰仲尼微言。」蓋語亦有非微言，必論撰猶言評論選撰也。古字撰、選義通。而取之，惟其然也。故趙岐曰：「論語者，五經之錧鎋，六藝之喉衿也。」孟子題辭。

漢興，有齊、魯之說。

別録曰：「魯人所學，謂之魯論。齊人所學，謂之齊論。孔壁所得，謂之古論。」皇侃論語疏敘引。

傳齊論者，昌邑中尉王吉、少府宋畸、◯師古曰：「畸音居宜反。」御史大夫貢禹、尚書令五鹿充宗、膠東庸生，唯王陽名家。◯師古曰：「王吉字子陽，故謂之王陽。」傳魯論語者，常山都尉龔奮、長信少府夏侯勝、丞相韋賢、魯扶卿、前將軍蕭望之、安昌侯張禹，皆名家。張氏最後而行於世。

傳魯論下衍「語」字。王念孫讀書雜志。何晏曰：「劉向言魯論語二十篇，太子太傅夏侯勝、前將軍蕭望之、丞相韋賢及子玄成等傳之。齊論語二十二篇，其二十篇中章句頗多於魯論，琅邪王卿及膠東庸生、昌邑中尉王吉，皆以教之。故有魯論，有齊論。魯共王時，嘗欲以孔子宅爲宮，壞得古文論語。齊論有問王、知道，多於魯論二篇。古文亦無此二篇，分堯曰下章子張問以爲一篇，有兩子張，凡二十一篇，篇次不與齊、魯論同。安昌侯張禹本受魯論，兼講齊説，善者從之，號曰張侯論，爲世所貴，包氏、周氏章句出焉。漢末，大司農鄭玄就魯論篇章，考之齊、古」云云。論語集解敘。此論語傳世之源流也。

以上論語

孝經古孔氏一篇。二十二章。◯師古曰：「劉向云古文字也。庶人章分爲二也，曾子敢問章爲三，又多一章，凡二十二章。」

亡。此孔壁古文孝經也。隋志曰：「古文孝經與古文尚書同出，孔安國爲之傳，亡於梁亂。隋秘書監王劭於京師訪得孔傳，送至河間劉炫，炫因序其得喪，述其議疏。」經籍志。盛大士曰：「近汪氏翼滄所得日本國古文孝經孔傳一卷。安國作傳，漢人不言，獨家語言之。家語爲王肅僞撰，而安國之注孝經有與家語暗合者。隋志所載王肅孝經解，久佚，今見於邢昺疏中，而多與孔傳相同。是必王肅妄作，假稱孔氏，以與己之臆見，互相援證。唐司馬貞指斥孔注俚鄙不經，劉炫詭隨，妄稱其善。或遂疑爲炫作，而不知劉炫得之於王劭，劭與炫或皆被欺於王肅。」孝經徵文敘。

孝經一篇。十八篇。長孫氏、江氏、后氏、翼氏四家。

存。隋志曰：「劉向以孝經顔芝本比古文，除其繁惑，以十八章爲定，鄭衆、馬融並爲之注。又有鄭氏注，相傳或云鄭玄。鄭玄注孝經甚碻。錢侗重刊孝經鄭注序曰：「宋均孝經緯注引鄭玄六藝論序孝經云，玄又爲之注。」大唐新語引鄭孝經序云：「僕避難於南城山，棲遲巖石之下，念昔先人餘暇，述夫子之志，而注孝經。」皆當日作注之證。隋志疑之，非也。鄭注久佚，復自日本傳來。嚴可均有鄭注輯本，皮錫瑞有孝經注疏，均精善。清四庫著録孝經正義三卷，唐玄宗注，宋邢昺疏，今通行本也。

長孫氏説二篇。

亡。

江氏説一篇。

亡。儒林傳曰：「博士江公著孝經説。」

翼氏説一篇。

亡。翼奉也。

后氏說一篇。

亡。后倉也。

雜傳四篇。

亡。王應麟曰：「蔡邕明堂論引魏文侯孝經傳，蓋雜傳之一也。」

安昌侯說一篇。

亡。安昌侯，張禹也。

五經雜議十八篇。石渠論。

亡。王先謙曰：「此經總論也。爾雅、小爾雅、諸經通訓、古今字、經字異同，皆附焉。」

爾雅三卷二十篇。◯張晏曰：「爾，近也。雅，正也。」

存。在禮記中，而此復別出者也。邵晋涵曰：「漢志三卷二十篇，今所傳止十九篇。但考諸書之徵引爾雅者，似有佚句而無闕篇，班固所言篇弟，今莫可考。」葉德輝曰：「今本三卷十九篇，漢志蓋合序篇言之。詩正義引爾雅序篇云：『釋詁、釋言通古今之字，古與今異言也。釋訓言形貌也。』此爾雅有序篇之明證。」葉說爲長。唐世，爾雅各家本，尚多存者。自各家本盡亡，而序篇佚矣。崔應榴吾亦廬稿謂爾雅缺釋禮篇，不足據。清四著著録爾雅注疏十一卷。郝懿行爾雅義疏，遠勝舊疏。

小雅一篇。

存。宋祁曰：「『小』字下，邵本有『爾』字。」錢大昕曰：「李善文選注引小爾雅，皆作小雅。此書依附爾雅而作，本名小雅。後人僞造孔叢，以此篇竄入，因有小爾雅之名，失其舊矣。邵本亦俗儒增入，不可據。」錢説是也。然今本即從僞孔叢中重録出之。宋翔鳳有小爾雅訓纂，葛其仁有小爾雅疏證，胡承珙有小爾雅義證。

古今字一卷。

亡。王先謙曰：「儒林傳，孔安國以今文字讀古文尚書。論衡云壁中古文論語，後更隸寫以傳誦。此蓋列具古今，以便誦覽。」王説是也。此漢世古文今文所以別也，惜其書不傳。

弟子職一篇。◯應劭曰：「管仲所作，在管子書。」

存。在管子中，而此其別出者也。沈欽韓曰：「今爲管子第五十九篇。鄭曲禮注引之，蓋漢時單行。」

説三篇。

亡。王先謙曰：「此弟子職說。」

凡孝經十一家，五十九篇。

今計爾雅小雅古今字合一家，弟子職及說合一家，故合計十一家，五十六篇，少三篇。

孝經者，孔子爲曾子陳孝道也。

此明孝經之所由作也。孔子設爲與曾子問答而作此書，見俞樾古書疑義舉例三之寓言例。故曰：「爲曾子陳孝道也」。夫孝，三皇五帝之本務而萬事之紀也。呂氏春秋孝行覽。孔子道冠百王，法垂萬世，故曰「吾志在春秋，行在孝經。」何休公羊傳序引。鄭玄曰：「孔子以六藝題目不同，指意殊別，恐道離散，後世莫知根源，故作孝經以總匯之。」六藝論。哲哉鄭氏，孝崇所生，民族之淵源也。六經萬行，無妨隨世流變，而民族則千古萬古不可二也。唐以前無疑孝經者，故東晉江左一綫之正朔猶延，楊隋、李唐半虜之漢宗重振。南宋朱子之徒，始盛疑經之說。悲夫，重所主而輕所生，宋儒之罪通天，尚忍言哉，尚忍言哉！丁晏孝經徵文可闢謬說之妄。

夫孝，天之經，地之義，民之行也。舉大者言，故曰孝經。

此變言之，即民族者，天經地義之謂也。鄭玄曰：「孝經者，三才之經緯，五行之綱紀。孝爲百行之首，經者不易之稱。」釋文引鄭注。聖哉，自孔子没，吾必首敬鄭氏已。

漢興，長孫氏、博士江翁、少府后倉、諫大夫翼奉、安昌侯張禹傳之。各自名家，經文皆同。

隋志曰：「孝經遭秦焚書，爲河間人顔芝所藏。漢初，芝子貞出之，凡十八章。而長孫氏、博士江翁、少府后蒼、諫議大夫翼奉、安昌侯張禹，皆名其學。」

唯孔氏壁中古文爲異。「父母生之，續莫大焉」，「故親生之膝下」，諸家説不安處，古文字讀皆異。○臣瓚曰：「孝經云『續莫大焉』，而諸家之説各不安處之也。」師古曰：「桓譚新論云古孝經千八百七十二字，今異者四百餘字。」

真孔壁古文既亡，其與今文異者，不復可考。續謂嗣續也。鄭玄注曰：「父母生子，骨肉相連屬，復何加焉。」是也。朱一新曰：「今孝經千八百六十二字。」漢書管見。

以上孝經

史籀十五篇。周宣王太史作大篆十五篇，建武時亡六篇矣。○師古曰：「籀音胄。」

亡。倉頡以來，字書無徵，而史籀遂爲字書之鼻祖。秦謂之大篆，漢亦稱之曰史篇。許慎、應劭皆曰周宣王太史籀作大篆。許曰太史籀，見説文敘。應曰太史史籀，見本書元帝紀贊注。孟康曰：「史篇，史籀所作十五篇古文書也。」本書王莽傳注。孟説極蹏，蓋秦焚古文而史籀爲其所用，故不謂之古文而謂之大篆耳。王新以古文包史籀、古籀，均先秦舊文，此亦可驗考古文者之謬也。唐玄度曰：「秦焚詩書，惟易與史篇得全，逮王莽亂，此篇亡失。建武中，獲九篇。章帝時，王育爲作解説，所不通者，十有二三。晋世此篇廢，今略傳字體而已。」十體書。張懷瓘曰：「凡九千字。」書斷。桂馥曰：「大篆十五篇，斷六百字爲一篇，共得九千字。」説文義證。王鳴盛曰：「説文謂之史篇，皕部云：「燕召公名奭，史篇名醜。」徐鍇云：「史篇，史籀所作倉頡十五篇也。」案史籀作大篆十五篇，李斯作倉頡篇，鍇誤。今説文九千三百五十三字，其書與此志籀書九千字以上相合。但説文或取古文，或取大篆，或取小篆，以意參酌定之，非專取史籀。建武亡六篇，當許氏時，已無全本，許氏固不能盡遵用之也。」十七史商榷。王説尤詳。古籀、篆文多同，説文所録籀文，才二百二十餘字，王國維史籀篇疏證。蓋著其特異者也。

八體六技。○韋昭曰：「八體，一曰大篆，二曰小篆，三曰刻符，四曰蟲書，五曰摹印，六曰署書，七曰殳書，八曰隸書。」

亡。韋注八體原本許慎説文敘。王先謙曰：「六技，王莽改六書，有古文、奇字、篆書、隸書、繆篆、蟲書六種，下文亦曰六體是也。」蓋八體六書，本無大殊，秦焚古文，故以史籀爲大篆，而不名古文。王新定六書，則以古文包大篆，奇字不過古文之特異者，餘蟲書即鳥蟲書，摹印變爲繆篆，刻符併入篆書，殳書併入隸書，獨闕署書而已。倶詳余著文字學。

秦新考文參斠表

秦八體	新六書
大篆	古文
大篆	奇字
小篆	篆書
刻符	篆書（同上）
蟲書	鳥蟲書
摹印	繆篆
署書	
殳書	佐書
隸書	佐書（同上）

蒼頡一篇。上七章，秦丞相李斯作；爰歷六章，車府令趙高作；博學七章，太史令胡母敬作。

亡。王先謙曰：「此下文所云閭里書師合并者也。」其篇目可考者，如鄭玄周禮注引倉頡鞄瓷篇、柯欘篇是也。考工記注。其文句可考者，如有曰「幼子承詔」，說文敘引。有曰「游敖周章，黚黶黯黮，䵴黝䶁黖，䶈黤赫赧，儵赤白黄」，近出流沙墜簡，尚有數句，不盡録。有曰「豨、信、京劉」，王先謙曰：「梁庾元威云：漢晋正史及古今字書，並云蒼頡九篇，是李斯所作。今竊尋思，必不如是。其九章論豨、信、京劉等，今案此志止言七章，則是八以下，或後人所益。」有曰「漢兼天下，海内并厠，豨鯨韓覆，畔討滅殘」。顔氏家訓書證篇引。案此亦當在八章以下。然則史籀文句不可考，倉頡以四字爲句，與後世千字文相似。此亦漢晋江左文章句式之初基也。自唐後科舉既盛，而文人不讀書，讀書不必識字，小學之書，直至宋而幾盡亡矣。清孫星衍、任大椿、梁章鉅咸有倉頡輯本。

凡將一篇。司馬相如作。

亡。其文句可考者，有曰「黄潤纖美宜制禪」，文選蜀都賦注引。有曰「鐘磬竽笙筑坎侯」，藝文類聚引。則與急就文句相似矣。唐陸羽茶經引，蓋非完句。唐志猶存，亦亡於宋。

急就一篇。元帝時黄門令史游作。

存。姬漢史篇盡亡，惟此僅存，足爲知古之標式，皆以三字或七字爲句，所謂口訣文體也。晁公武曰：「凡三十二章，雜記姓名諸物五官等字，以教童蒙。急就者，謂字之難知者，緩急可就而求焉。」郡齋讀書志。今本三十四章，末有齊國、山陽二章，乃後漢人所加耳。唐顏師古急就篇注、宋王應麟補注，清四庫小學類著録四卷。

元尚一篇。成帝時將作大匠李長作。

亡。

訓纂一篇。揚雄作。

亡。王先謙曰：「此下文所謂作訓纂，順續蒼頡也。」揚雄曰：「史篇莫善於倉頡，作訓纂。」本傳。隋志曰：「三蒼三卷，李斯作蒼頡篇，揚雄作訓纂篇，後漢郎中賈魴作滂喜篇，故曰三蒼。」徐鉉曰：「賈魴以三倉之書皆爲隸字，隸字始廣而篆籀轉微。」説文篆韻譜敘。

別字十三篇。

存。錢大昕曰：「即揚雄所撰方言十三卷也。本名輶軒使者絶代語釋別國方言，或稱別字，或稱方言，皆省文。」三史拾遺。清四庫小學類著録方言十三卷。戴震有方言疏證，錢繹有方言箋疏，均翔實。

蒼頡傳一篇。

亡。

揚雄蒼頡訓纂一篇。

亡。王先謙曰：「此合蒼頡、訓纂爲一，下文所云又易蒼頡中重復之字，凡八十九章也。」

杜林蒼頡訓纂一篇。

亡。王先謙曰：「此蓋於揚雄所作外，別有增益，各自爲書。説文引杜林説。」

杜林蒼頡故一篇。

亡。王先謙曰：「此下文所云杜林爲作訓故也。」隋志梁有蒼頡二卷，杜林注，亡。

凡小學十家，四十五篇。入揚雄、杜林二家三篇。

今計蒼頡傳合一家，杜林蒼頡訓纂及故合一家，合計十家。其八體六技以八計也。

易曰：「上古結繩以治，後世聖人易之以書契，百官以治，萬民以察，蓋取諸夬。」○師古曰：「下繫之辭。」「夬，揚于王庭」，○師古曰：「夬卦之辭。」言其宣揚於王者朝庭，其用最大也。

夬者，決也，訣也。故史篇成文，以口訣作成之也。史篇既利用口訣成文，其施行於政府民間也易。故書契肇作，政象開明，百官以治，萬民以察已。韓非子曰：「古者蒼頡之作書也，自環者謂之私，背私謂之公。」五蠹篇。鶡冠子曰：「蒼頡作法，書從甲子，成史李官，蒼頡不道，然非蒼頡文墨不起。」近造篇。淮南子曰：「蒼頡之初作書也，以辨治百官，領理萬事，愚者得以不忘，智者得以志遠。」泰族訓。蓋蒼頡書，周季猶存，故姬、漢學者，咸稱之歟。

古者八歲入小學，故周官保氏掌養國子，教之六書，○師古曰：「保氏，地官之屬也。保，安也。」謂象形、象事、象意、象聲、轉注、假借，造字之本也。○師古曰：「象形，謂畫成其物，隨體詰屈，日、月是也。象事，即指事也，謂視而可識，察而見意，上、下是也。象意，即會意也，謂比類合誼，以見指撝，武、信是也。象聲，即形聲，謂以事爲名，取譬相成，江、河是也。轉注，謂建類一首，同意相受，考、老是也。假借，謂本無其字，依聲託事，令、長是也。文字之義，總歸六書，故曰立字之本焉。」

食貨志曰：「八歲入小學，學六甲五方書計之事。」亦見大戴禮保傅篇，白虎通辟雍篇。稱周官者，蓋猶劉歆七略舊文也。許慎曰：「周禮八歲入小學。」說文敘。蓋以劉說爲即周禮說。而其說六書，見師古注引。與班不同。鄭衆曰：「六書，象形、會意、轉注、處事、假借、諧聲也。」周官保氏注。又與許不同。其詳，別於文字學中論之。

漢興，蕭何草律，○師古曰：「草，創造之。」亦著其法，曰：「太史試學童，能諷書九千字以上，乃得爲史。又以六體試之，課最者以爲尚書、御史史書令史。○韋昭曰：「若今尚書蘭臺令史也。」臣瓚曰：「史書，令之太史書。」吏民上書，字或不正，輒舉劾。」

倍文曰諷，周官大司樂鄭注。猶今言背誦默寫也。六體者，八體之訛也。說文敘作八體。王先謙曰：「淺人見下六體字而妄改耳。」許慎曰：「尉律：學僮十七已上，始試諷籀書九千字，乃得爲史；魏書江式傳作史。案古史、吏字通。賈誼陳政事疏云「不習爲吏」，新書作「不習爲史」。又以八體試之，郡移太史；不正，輒舉劾之。」說文敘。應劭亦曰：「能通倉頡、史籀篇，補蘭臺令史，滿歲爲尚書郎。」通典引漢官儀。蓋諷籀書九千字者，周制也；試以八體者，秦制也。漢承秦，秦承周，而漢遂兼承周、秦之制也。史，吏員也，令，巧善也，史書令史者，巧善於史書之吏員也。史書者，隸書也，故漢元帝、本紀贊，應劭曰「史籀所作大篆」，非也。孝成許皇后、外戚傳。王尊、本傳。嚴延年、酷吏傳。楚王侍者馮嫽西域傳。等皆善之也。錢大昕三史拾遺曰：「後漢書安帝紀，年十歲，好學史書。皇后紀，鄧皇后六歲能史書，喜正文字。諸所稱善史書者，無過諸王后妃嬪侍之流，略知隸楷，已足成名。魏志管寧傳，潁川胡昭善史書，與鍾繇、邯鄲淳、衛覬、韋誕，並有尺牘之迹，動見模楷，則史書之即隸書明矣。」案亦見十七史商榷。隸書不過八體之一，而爲史者，必課以八體，此漢隸之所以多變形也。史籀十五篇，西京完在。班曰「諷書九千字」，泛言之；許曰「諷籀書九千字」，鑿言之；應曰「通倉頡、史籀篇」，混言之，自以許能鑿指言之爲尤明也。萬石君子奏事，誤書馬字與尾當五，而四不足一，惶恐懼譴死。史記萬石君傳。是漢書正字之嚴，可見已。

六體者，古文、奇字、篆書、隸書、繆篆、蟲書，○師古曰：「古文謂孔子壁中書。奇字即古文而異者也。篆書謂小篆，蓋秦始皇使程邈所作也。隸亦程邈所獻，主於徒隸，從簡易也。繆篆謂其文屈曲纏繞，所以摹印章也。蟲書謂爲蟲鳥之形，所以書幡信也。」皆所以通知古今文字，摹印章，書幡信也。

顔說小篆程邈作，妄也。王先謙曰：「此方釋亡新所定六體，上所云六技也。『皆所以』云云，總上言之。」王說是也，八體六技，至是盡釋之矣。八體六技本無大異，特勝於後世巧立名目，妄分三十六種、宋王愔。五十八體晉徐子安。之類，是其善也。說文凡兩引奇字，即「兒」「無」二字，別詳諸家說文敘釋。

古制，書必同文，不知則闕，問諸故老。至於衰世，是非無正，人用其私。○師古曰：「各任私意而爲字。」故孔子曰：「吾猶及史之闕文也，今亡矣夫！」○師古曰：「論語載孔子之言，謂文字有疑，則當闕而不說。孔子自言，我初涉學，尚見闕文，今則皆無，任意改作也。」

蓋傷其寖不正。◯師古曰：「寖，漸也。」

黄帝正名百物。周官：「外史掌達書名於四方。」管子曰：「戈兵一度，書同名，治同軌。」君臣上篇。孔子後乎管子，猶同文也。中庸曰：「今天下車同軌，書同文。」子思後乎孔子，猶同文也。至七國而殊，田疇異畝，車涂異軌，律令異法，衣冠異制，言語異聲，文字異形。說文敘。故秦并天下，而有同書文之令矣。雖然，履霜至冰，闕文之嘆，仲尼之憂世，不亦遠乎。不知闕疑而用其私者，如馬頭人爲長，人持十爲斗，虫者屈中，說文敘。泉貨爲白水真人後漢書光武紀贊。之類，此雖漢事，亦足以喻。

史籀篇者，周時史官教學童書也，與孔子壁中古文異體。

此明秦、漢所祖最古而完存之史篇也。許慎曰：「宣王太史籀著大篆十五篇，與古文或異。至孔子書六經，左丘明述春秋傳，皆以古文。」說文敘。然史籀文字傳自西周，實西周古文也。孔壁古文寫於東周，實東周古文也。孔子時聖，自垂一王法，不必盡同西周也。秦起西周舊都，蓋即用其文，故尊史籀爲大篆。且秦本無儒，詩、書、百家語，皆起山東，則東周古文者，皆山東古文也。秦既滅山東之國，而焚其書，宜不復存其字。所用史籀大篆雖本亦古文，以與山東古文異，得不廢已。

蒼頡七章者，秦丞相李斯所作也；爰歷六章者，車府令趙高所作也；博學七章者，太史令胡母敬所作也：文字多取史籀篇，而篆體復頗異，所謂秦篆者也。

此明秦篆之所由來也。秦滅古文，而其文字仍不能不有所本。蓋自太古以來，樂不相沿、禮不相襲，大都變其名而不變其實。此雖文字，亦一徵已。許慎曰：「秦始皇帝初兼天下，丞相李斯乃奏同之，罷其不與秦文合者。斯作蒼頡篇，中車府令趙高作爰歷篇，太史令胡母敬作博學篇，皆取史籀大篆或頗省改，所謂小篆者也。」說文敘。

是時始造隸書矣，起於官獄多事，苟趨省易，○師古曰：「趨讀曰趣，謂趨向之也。易音弋鼓反。」施之於徒隸也。

此明隸書之所由作也。許慎曰：「秦燒滅經書，滌除舊典，大發隸卒，興役戍。官獄職務繁，初有隸書，以趣約易，而古文由此絶矣。」說文敘。故隸書爲今文，隸書作而古文革，然當起於始皇二十六年初兼天下，書同文字，許說猶有未瞭也。且隸書亦有由來，非突然發生，別於文字學中詳之。

漢興，閭里書師合蒼頡、爰歷、博學三篇，斷六十字以爲一章，凡九十五章，并爲蒼頡篇。〇師古曰：「并，合也，總合以爲蒼頡篇也。」

此明漢世通行之蒼頡篇，與秦稍異也。凡古書流傳，恒多省併。六十字爲一章，五十五章，三千三百字也。

武帝時司馬相如作凡將篇，無復字。〇師古曰：「復，重也，音扶目反。後皆類此。」元帝時黄門令史游作急就篇，成帝時將作大匠李長元尚篇，皆蒼頡中正字也。凡將則頗有出矣。至元始中，徵天下通小學者以百數，各令記字於庭中。揚雄取其有用者以作訓纂篇，順續蒼頡，又易蒼頡中重復之字，凡八十九章。臣復續揚雄作十三章，〇韋昭曰：「臣，班固自謂也。作十三章，後人不別，疑在蒼頡下篇三十四章中。」凡一百二章，無復字，六藝群書所載，略備矣。

此明漢續秦字也。宋祁曰「李長下當有作字」，是也。平帝元始五年，徵天下通知逸經、古記、天文、曆算、鍾律、小學、史篇、方術、本草以及五經、論語、孝經、爾雅教授者，詣京師。平帝紀。許慎曰：「孝平時，徵沛人爰禮等百餘人，令説文字未央廷中，以禮爲小學元士。黄門侍郎揚雄采以作訓纂篇，凡蒼頡已下十四篇，凡五千三百四十字，群書所載，略存之矣。」説文敘。蓋至秦焚詩書百家語，而六藝缺，九流殘。漢復重文，西京末葉，典藝整然可觀，而文字亦隨以略備也。六十字爲一章，蒼頡五十五章，三千三百字。揚雄續易爲八十九章，增多三十四章，當得二千四十字。合三千三百字，爲五千三百四十字。班固增十三章，又得七百八十字。凡八十九章，合十三章，得一百二章，六千一百二十字。比諸許慎說文所收九千三百五十三文，重一千一百六十三者，猶爲少也。然則姬、漢史篇雖盡亡，而說文一書，其爲後世最古之字書（Old Dictionary）也，何疑哉？

蒼頡多古字，俗師失其讀，宣帝時徵齊人能正讀者，張敞從受之，傳至外孫之子杜林，爲作訓故，并列焉。

蒼頡多古字，故廣義言之，小篆亦古文之流也。并列焉者，杜林訓詁，七略所無，而班氏列入之也。

以上小學

凡六藝一百三家，三千一百二十三篇。入三家，一百五十九篇，出重十一篇。

都計易十三家，二百九十四篇；書九家，四百十二篇；詩六家，四百十六卷；禮十三家，五百五十五篇；樂六家，百六十五篇；春秋二十三家，九百四十八篇；論語十二家，二百二十九篇，孝經十一家，五十九篇；小學十家，四十五篇；適符一百三家，三千一百二十三篇之數。至班注入三家云云，書入劉向稽疑一篇，併入五行傳記，則不計家。故禮入司馬法一家，百五十五篇；小學入揚雄、杜林二家，三篇；適符三家，一百五十九篇之數。又樂出淮南、劉向等琴頌七篇，春秋省太史公四篇，此即并目曰出重十一篇者歟。

六藝之文：樂以和神，仁之表也；詩以正言，義之用也；禮以明體，明者著見，故無訓也；書以廣聽，知之術也；春秋以斷事，信之符也。五者，蓋五常之道，相須而備。

六藝本六而不五，自秦火燒殘，五而不六，而漢人乃以五常說五經，此漢人之曲說也。司馬遷曰：「易著天地陰陽四時五行，故長於變；禮經紀人倫，故長於行；書記先王之事，故長於政；詩記山川溪谷禽獸草木牝牡雌雄，故長於風；樂樂所以立，故長於和；春秋辯是非，故長於治人。」史記自序。然則班志所述，豈非西京後變之說哉。

而易爲之原，故曰「易不可見，則乾坤或幾乎息矣」，○蘇林曰：「不能見易意，則乾坤近於滅息也。」師古曰：「此上繫之辭也。幾，近也，音鉅依反。」言與天地爲終始也。

易者如也。從無而至有，至不可見，則是萬有盡亡也。與天地爲終始者，指「物如」言之而已。其「眞如」，固天地雖亡而常存。本韓非解老。至於五學，世有變改，猶五行之更用事焉。○師古曰：「更，互也，音工衡反。」古之學者耕且養，三年而通一藝，存其大體，玩經文而已，是故用日少而畜德多，○師古曰：「畜讀曰蓄。蓄，聚也。易大畜卦象辭曰：『君子以多識前言往行，以畜其德。』」三十而五經立也。

此仍漢人之曲說也。因孔子十五志學，三十而立，遂爲此費解也。豈知樂正「崇四術以造士，春秋教以禮樂，冬夏教以詩書」，是豈可以三年通一藝之格囿之哉？不然，則此古者指春秋戰國以後而言。然七十二弟子身通六藝，無五經之可言，更何論乎五常？附會五經五常五行之說者，惟施於秦火而後之漢可耳。存其大體玩經文而已者，惟訓詁通大義者能之。

後世經傳既已乖離，博學者又不思多聞闕疑之義，○師古曰：「論語稱孔子曰：『多聞闕疑，慎言其餘，則寡尤。』言爲學之道，務在多聞，疑則闕之，慎於言語，則少過也，故志引之。」而務碎義逃難，便辭巧說，破壞形體；○師古曰：「苟爲僻碎之義，以避它人之攻難者，故爲便辭巧說，以析破文字之形體也。」說五字之文，至於二三萬言。○師古曰：「言其煩妄也。桓譚新論云秦近君能說堯典，篇目兩字之說至十餘萬言，但說『曰若稽古』三萬言。」後進彌以馳逐，故幼童而守一藝，白首而後能言；安其所習，毀所不見，○師古曰：「已所常習則保安之，未嘗所見者則妄毀誹。」終以自蔽。此學者之大患也。

新論曰「秦近君」者，秦延君之訛也。此指章句鄙儒而言也。發明章句自子夏，後漢書徐防傳。漢世利祿之路既開，一經說至百萬餘言，本書儒林傳。直與後世科舉時代之八比經義相去一間耳。此西漢今文經說，所以後世罕傳也歟。馬瑞辰曰：「漢儒說經，莫不先通訓詁。漢書揚雄傳言雄少而好學，不爲章句，訓故通而已。儒林傳言丁寬作易說三萬言，訓故舉大義而已。而後漢書桓譚傳亦言譚徧通五經，皆訓詁大義，不爲章句。則知訓詁與章句有辨。章句者離章辨句，委曲支派，而語多傅會，繁而不殺。蔡邕所謂前儒特爲章句者，皆用其意傳，非其本旨。劉勰所謂秦延君之注堯典十萬餘字，朱普之解尚書三十萬言。所以通人惡煩，羞學章句也。詁訓則博習古文，通其轉注假借，不煩章解句釋，而奧義自闢，班固所謂古文讀應爾雅，故解古今語而可知也。」馬說至通，見毛詩傳箋通釋，特附録於此。

序六藝爲九種。

易、詩、書、禮、樂、春秋、論語、孝經、小學，九種也。

見存六藝今古文表

古文	費氏古文易王弼注本。 古雜或說即易緯乾鑿度等。 尚書古文經校本。 毛詩 毛詩故訓傳 士禮儀禮。 禮記大小戴。 周官經 春秋古經 左氏傳 國語 孔子三朝記在大戴記。 爾雅當在大戴記。
今文	尚書大傳 士禮儀禮。 春秋經 公羊傳 穀梁傳 魯論語 孝經鄭玄注本。
不明	周書 司馬法 國策 小雅小爾雅。 弟子職 別字方言。此書通古今語者。

三　諸子略

晏子八篇。名嬰，謚平仲，相齊景公，孔子稱善與人交，有列傳。○師古曰：「有列傳者謂太史公書。」

存。清四庫史部傳記類著録晏子春秋八卷。班注有列傳者，師古謂太史公書。然班氏或注或不注，如老、莊、申、韓有傳不注，蓋從略也。七略曰：「晏子春秋七篇在儒家。」史記管晏列傳注。孫星衍曰：「晏子八篇，見藝文志。後人以篇爲卷，又合雜上下二篇爲一，則爲七卷，見七略及隋、唐志；宋時析爲十四卷，見崇文總目，實是劉向校本，非僞書也。晏子文最古質，疑出於齊之春秋，即墨子明鬼篇所引。嬰死，其賓客哀之，集其行事成書。雖無年月，尚仍舊名。凡稱子書，多非自著，無足怪者。柳宗元文人無學，謂墨氏之徒爲之，可謂爲無識。」晏子春秋序。孫説近是。梁章鉅曰：「其書如梁丘據、高子、孔子皆譏晏子三心；路寢之葬，一以爲逢于何，一以爲盆成适，蓋由後人采掇所就，故書中歧誤重複若此。」退菴隨筆。梁説非也。追録者傳聞異辭，或故張大之，本非晏子自著書也。通行孫星衍校本爲善，兼音義校本。黄以周晏子春秋校勘亦佳。盧文弨群書拾補中有晏子春秋校正。

子思二十三篇。名伋，孔子孫，爲魯繆公師。

殘。司馬遷曰：「子思作中庸。」孔子世家。沈約曰：「禮記中庸、表記、坊記、緇衣，皆取子思子。」隋書音樂志。案意林引子思子十餘條，一見於表記，再見於緇衣，則沈約之言信矣。或曰：「子思，魯人，嘗居宋，而中庸稱華、嶽是，非所宜言也。」不知此正子思所以形容祖德之廣崇，二南、大雅嘗言江漢矣，豈必囿於咫尺之間哉？宋鈃宋人，尹文齊人，作華山冠以自表，此亦可爲中庸稱華、嶽無可疑之例證。中庸獨稱「子曰」，稱「仲尼曰」，故司馬遷謂子思作中庸。其表記、坊記、緇衣，開端皆稱「子言之」，蓋子思語而弟子述之也。稱「子云」「子曰」者，引孔子語也。晁公武曰「子思子七卷，載孟軻問牧民之道何先，子思曰先利之」云云，郡齋讀書志。蓋北宋時書尚完存。惟汪晫編子思子一卷，清四庫儒家類著録，殊不足取。則未見此書也。今僅存禮記中四篇。清黄以周有子思子輯本。

曾子十八篇。名參，孔子弟子。

殘。晁公武曰：「隋志曾子二卷，目一卷。唐志曾子二卷，今此書亦二卷，凡十篇，蓋唐本也。視漢，亡八篇。視隋，亡目一篇。考其書已見於大戴禮，世人久不讀之，文字謬誤爲甚。」郡齋讀書志。王應麟説略同。然宋汪晫編曾子一卷，清四庫儒家類著録，殊不足取。則亦未見此書也。十篇者，大戴禮之曾子立事、宋人所見本作修身。曾子本孝、曾子立孝、曾子大孝、曾子事父母、曾子制言上、曾子制言中、曾子制言下、曾子疾病、曾子天圓是也。曾子大孝篇有曾子弟子樂正子春與其門弟子問對事，則其書亦門弟子所記也。清阮元有曾子註釋。

漆雕子十三篇。孔子弟子漆雕啓後。

亡。史記仲尼弟子傳曰「漆雕開字子開」，蓋名啓，字子開。史記避景帝諱也。班注漆雕啓後者，蓋家學也。啓之後人所記歟。馬國翰有輯本。玉函山房叢書。下仿此。

宓子十六篇。名不齊，字子賤，孔子弟子。◯師古曰：「宓讀與伏同。」

亡。王充曰：「宓子賤、漆雕開、公孫尼子之徒，亦論情性，與世子相出入。」論衡本性篇。蓋孔子歿而儒分爲八，漆雕氏之儒居其一。此派實最與黄老道德之術相近者也。沈欽韓曰：「趙策作服子。」馬國翰有輯本。

景子三篇。說宓子語，似其弟子。

亡。兵形勢家景子十三篇，蓋非同書。沈欽韓曰：「孟子書有景子。」馬國翰有輯本。

世子二十一篇。名碩，陳人也，七十子之弟子。

亡。王充曰：「周人世碩以爲人性有善有惡，舉人之善性，養而致之，則善長；惡性，養而致之，則惡長。如此，則性各有陰陽善惡，在所養焉。故世子作養書一篇。」論衡本性篇。案繁露俞序篇，世子曰：「功及子孫，光輝百世，聖世之德，莫失於世。故子先言春秋，詳己而略人。」此亦可爲春秋言性命天道之證也。此以世子爲周人，與班注異，蓋傳聞異辭。馬國翰有輯本。

魏文侯六篇。

亡。文侯受經於子夏。馬國翰有輯本。

李克七篇。子夏弟子，爲魏文侯相。

亡。法家李子三十二篇，兵權謀家李子十篇，蓋俱非一書。馬國翰有輯本。

公孫尼子二十八篇。七十子之弟子。

殘。雜家公孫尼一篇，蓋非同書。沈約曰：「禮記樂記取公孫尼子。」隋書音樂志。劉瓛曰：「緇衣公孫尼子所作。」釋文引。劉説非也。馬國翰有輯本。

孟子十一篇。名軻，鄒人，子思弟子，有列傳。◯師古曰：「聖證論云軻字子車，而此志無字，未詳其所得。」

存。清四庫著録孟子正義十四卷。孫疏係僞託。兵陰陽家孟子一篇，蓋非同書。司馬遷曰：「孟子與萬章之徒序詩書，述仲尼之意，作孟子七篇。」史記本傳。趙岐曰：「七篇二百六十一章，三萬四千六百八十五字。又有外書四篇，性善、辨文、説孝經、爲正。其書不能宏深，似非孟子本真也。」孟子題辭。今外書遂不可見。明季姚士粦等所傳熙時子注孟子外書四卷，其中有僞古文大禹謨之「人心惟危」云云，宋儒程朱所謂十六字心傳者，出宋後人僞託無疑。自南宋淳熙中，朱子取孟子與大學、中庸、論語合爲四書，遂入經部。故唐以前，周公、孔子並稱；宋以後孔子、孟子並稱，此中國文化一大升降之機也。周公、孔子皆集前古獻典而制經，孟子則發表其一己所欲言而已。故自孟子之説横流，而文化偏趨於簡單，豈非儒教之不幸哉！焦循孟子正義、周廣業孟子四考俱善。

孫卿子三十三篇。名況，趙人，爲齊稷下祭酒，有列傳。◯師古曰：「本曰荀卿，避宣帝諱，故曰孫。」

存。清四庫儒家類著録荀子二十卷。王應麟曰「當作三十二篇」，蓋傳刊之誤也。荀書議兵篇稱孫卿子，此自著其氏也。史記作荀卿。謝墉曰：「漢不避嫌名，荀淑、荀爽俱用本字，左傳荀息以下，並不改字，何獨於荀卿改之。蓋荀、孫二字同音，語遂移易，如荆卿又爲慶卿也。」荀子校敘。自孟子道性善，荀子反之而言性惡，後世性善之説勝，遂伸孟而黜荀。不知性本無記，謂曰善曰惡，皆非其本然也。惟荀子書多見二戴禮記，如小戴記之三年問，全出禮論篇；樂記、鄉飲酒禮所引，俱出樂論篇；聘義「貴玉賤珉」語，亦與法行篇大同。大戴禮記之禮三本篇出禮論篇，勸學篇即荀子首篇，而以宥坐篇末「見大水」一則，附之哀公問五義，出哀公篇之首。則楊倞謂「荀子之書，羽翼六經，增廣孔氏，非諸子之言」者，豈虚語哉。謝校荀子注、王先謙荀子集解，俱善。盧文弨校荀子尚疏。

芈子十八篇。名嬰，齊人，七十子之後。◯師古曰「芈音弭。」

亡。芈者，芋字之訛也。芋、吁字通。司馬遷曰：「阿之吁子。」史記孟子荀卿傳。七十子之後者，蓋其子孫也。七十子無芋姓者，不知爲誰之後也。

内業十五篇。不知作書者。

亡。管子有内業篇，古書多重複，或此竟包彼書也。馬國翰有輯本。

周史六弢六篇。惠、襄之間，或曰顯王時，或曰孔子問焉。◯師古曰：「即今之六韜也，蓋言取天下及軍旅之事。弢字與韜同也。」

亡。沈濤曰：「此列之儒家，則非今之六韜也。六乃大字之誤，人表有周史大弢，弢當爲弢字之誤。莊子則陽篇仲尼問於太史大弢，蓋即其人。此乃其所著書，故班氏有孔子問焉之説。顔以爲太公六韜，誤矣。」

周政六篇。周時法度政教。

亡。

周法九篇。法天地，立百官。

亡。

河間周制十八篇。似河間獻王所述也。

亡。班注曰似者，不知作者而推擬其人之詞。

讕言十篇。不知作者，陳人君法度。◯如淳曰：「讕音粲爛。」師古曰：「説者引孔子家語云孔穿所造，非也。」

亡。

功議四篇。不知作者，論功德事。

亡。

甯越一篇。中牟人，爲周威王師。

亡。馬國翰有輯本。

王孫子一篇。一曰巧心。

亡。兵形勢家王孫十六篇，蓋非同書。嚴可均曰：「王孫，姓也，不知其名，巧心亦未詳。意林僅有目録，而所載王孫子文爛脱，從北堂書鈔等書采出二十四事，省并復重，僅得五事。繹其言，蓋七十子之後，言治道者。」鐵橋漫稿。孫德謙曰：「一曰巧心者，書之別名也。」漢書藝文志舉例。馬國翰有輯本。

公孫固一篇。十八章。齊閔王失國，問之，固因爲陳古今成敗也。

亡。班注十八章，與羊子注云百章，豈皆以其原書分章甚明耶。司馬遷曰：「公孫固、韓非之徒，往往捃摭春秋之文以著書。」史記十二諸侯年表。

李氏春秋二篇。

亡。

羊子四篇。百章。故秦博士。

亡。

董子一篇。名無心，難墨子。

亡。王充曰：「儒家之徒董無心，墨家之徒纏子，相見講道。纏子稱墨家佑鬼神，是引秦繆公有明德，上帝賜之九十年，董子難以堯、舜不賜年，桀、紂不夭死。」論衡福虛篇。錢大昕曰：「無心蓋六國時人，風俗通亦引其語。」馬國翰有輯本。

俟子一篇。○李奇曰：「或作侔子。」

亡。王先謙曰：「風俗通有俟子，古賢人，著書。應仲遠嘗爲漢書音義，則所見本必作俟矣。」

徐子四十二篇。宋外黄人。

亡。馬國翰有輯本。

魯仲連子十四篇。有列傳。

亡。馬國翰有輯本。

平原老七篇。朱建也。

亡。宋祁曰「老一作君」，是也。馬國翰有輯本。

虞氏春秋十五篇。虞卿也。

亡。史記有傳，作春秋，見十二諸侯年表序。馬國翰有輯本。

高祖傳十三篇。高祖與大臣述古語及詔策也。

亡。高祖嘗手敕太子曰：「吾遭亂世，當秦禁學，自喜謂讀書無益。洎踐阼以來，時方省書，乃使人知作者之意，追思昔所行，多不是。」見古文苑。由此觀之，漢高與明祖先後輝映矣。

陸賈二十三篇。

殘。本傳曰：「陸賈，楚人。凡著十二篇，號其書曰新語。」史記本傳同。案新語之名，亦見班固答賓戲論衡書解篇。此作二十三篇，蓋兼他所著者計之。梁七録曰：「新語二卷，陸賈撰。」史記正義引。隋、唐志同，宋不復著録。王應麟曰：「今存道基、雜事、輔政、無爲、資質、至德、懷慮七篇。」考證。嚴可均曰：「此書蓋宋時佚而復出，出而不全。至明弘治間，莆陽李廷梧字仲陽，得十二篇足本刻之。群書治要載有八篇，其辨惑、本行、明誡、思務四篇，皆非王伯厚所見，而與明本大致相合。文選張協雜詩注引『建大功於天下者，必垂名於萬世也』。古詩行行重行行注引『邪臣之蔽賢，猶浮雲之障日月』，今在辨惑篇。王粲從軍詩注引『聖人承天威，承天功。與之争功，豈不難哉』，今在本行篇。意林所載『衆口毁譽，浮石沈水。群邪相抑，以直爲曲』，今在辨惑篇。『玉斗酌酒，金椀刻鏤，所以夸小人，非厚己也』，今在本行篇。足知多出五篇，是隋唐原本。至論衡本性篇陸賈曰：『天地生人也，以禮義之性。人能察己，所以受命則順，順謂之道。』今十二篇無此文。論衡但云陸賈，不云新語，或當在漢志之二十三篇中。又道基篇引穀梁傳曰：『仁者以治親，義者以利尊。』是穀梁舊傳，故今本無此文。因知瑕丘江公所受于魯申公者，其本曾經更定，非穀梁赤之舊。漢代子書，新語最純最早，貴仁義，賤刑威，述詩書春秋論語，紹孟荀而開賈董，卓然儒者之言，史遷僅目爲辯士，未足以盡之。」見戊申國粹學報藏書志。案清四庫儒家類著録新語二卷，説之不瞭。

劉敬三篇。

亡。馬國翰有輯本。凡三事，蓋即其文。

孝文傳十一篇。文帝所稱及詔策。

亡。史記文紀，凡詔皆稱「上曰」蓋即此類之文。文帝黄老之治，而入儒家，道儒固相通也。

賈山八篇。

亡。本傳至言一篇，蓋在其中。

太常蓼侯孔臧十篇。父聚，高祖時以功臣封，臧嗣爵。

亡。文選兩都賦序注引孔臧集曰：「仲尼之後，少以才博知名，稍遷御史大夫，辭曰：『臣代以經學爲家、乞爲太常，專修家業。』武帝遂用之。」是其書，唐世猶存。今孔叢子末附連叢，未必出臧書。賦詳詩賦略。

賈誼五十八篇。

殘。本傳曰：「凡所著述五十八篇。」錢大昭曰：「今新書止五十六篇。」闕問孝、禮容語上二篇。章炳麟曰：「賈生書引用左氏内外傳極多，而其中道術篇、六術篇、道德説篇，正是訓故之學，有得於正名爲政之學者也。」春秋左傳讀敘録。盧文弨賈誼新書校本、劉師培賈子新書校補俱善。

河間獻王對上下三雍宮三篇。

亡。張純嘗案河間古辟雍記，欲奏之。後漢書本傳。沈欽韓曰：「漢多以明堂、辟雍、靈臺爲一，故謂之三雍。」馬國翰有輯本。

董仲舒百二十三篇。

亡。本傳曰：「仲舒所著，皆明經術之意，及上疏條教，凡百二十三篇。而説春秋事得失，聞舉、玉杯、蕃露、清明、竹林之屬，復數十篇。」是百二十三篇，在繁露之外，書早亡已。惟賢良三策，當在其内。

兒寬九篇。

亡。馬國翰有輯本。

公孫弘十篇。

亡。馬國翰有輯本。

終軍八篇。

亡。馬國翰有輯本。

吾丘壽王六篇。

亡。馬國翰有輯本。

虞丘說一篇。難孫卿也。

亡。孫卿儒也，難孫卿而復列於儒，此九流之內，又各家自爲說，不一致也。王先謙曰：「虞、吾字同，虞丘即吾丘也。此壽王所著雜說。」

莊助四篇。

亡。傳作嚴助，避明帝諱，此作莊助，蓋本七略舊文。

臣彭四篇。

亡。

鉤盾冗從李步昌八篇。宣帝時數言事。

亡。宋祁曰「冗當作宂」，是也。漢官曰：「鉤盾令吏從官四十人。」續漢書百官志。

儒家言十八篇。不知作者。

亡。

桓寬鹽鐵論六十篇。◯師古曰：「寬字次公，汝南人也。孝昭帝時，丞相御史與諸賢良文學論鹽鐵事，寬撰次之。」

存。桓寬事及所著鹽鐵論，見公孫賀劉屈氂傳贊。王應麟所見本，十卷，六十篇，今分十二卷。篇同，清四庫儒家類著録鹽鐵論十二卷。然通行本仍止十卷。章炳麟曰：「漢論著者鹽鐵，觀其駁議，御史大夫丞相史言此，而文學賢良言彼，不相剴切。有時牽引小事，攻劫無已，則論已離其宗。其文雖博麗哉，以持論，則不中矣。」國故論衡論式篇。張敦仁重刻鹽鐵論附考證，王先謙鹽鐵論校本，俱善。盧文弨群書拾補中有鹽鐵論校補。孫星衍亦有校本。

劉向所序六十七篇。新序、説苑、世説、列女傳頌圖也。

殘。清四庫子部儒家類著録新序十卷，説苑二十卷。史部傳記類著録列女傳七卷。稱曰所序者，蓋猶今之叢書也。本傳曰：「向采傳記，著新序、説苑，凡五十篇，序次列女傳，凡八篇，著疾讒、摘要、救危及世頌凡八篇。」別録曰：「臣向與黄門侍郎歆所校列女傳，種類相從爲七篇。」初學記卷二十五。蓋合頌義一篇爲八篇也。疾讒、摘要、救危、世頌，蓋皆世説中篇目，即世説也。隋志新序三十卷，説苑二十卷。卷即是篇。是五十篇，合世説八篇、列女傳八篇，凡十六篇，又加列女傳圖一篇，恰符漢志六十七篇之數。今世説八篇亡，列女傳圖一篇亦亡。宋本列女傳附顧虎頭圖，或出漢圖。新序亡二十篇，存十篇，凡餘三十八篇。嚴可均曰：「宋本説苑有劉向序，言凡二十篇，七百八十四章。今本説苑尚少一百四十五章，是亦非完書也。」鐵橋漫稿。列女傳八篇，郝懿行妻王圓照、汪遠孫妻梁端，俱有注本。盧文弨群書拾補中有新序校補、説苑校補。

揚雄所序三十八篇。太玄十九，法言十三，樂四，箴二。

殘。陳振孫曰：「太玄，本傳三方、九州、二十七部、八十一家、二百四十五表，七百二十九贊，分爲三卷。有首、衝、錯、測、攡、瑩、數、文、掜、圖、告十一篇，與本經三卷，共爲十四卷。」書録解題。朱一新曰：「太玄本十四篇，據別録有玄問一篇，疑即解難之類，合十五篇。新論亦稱經三篇，傳十二篇，與別録合。本傳謂章句尚不存焉，則此亡佚四篇，當爲章句無疑。」漢書管見。今太玄經十卷，晉范望注本所分也。清四庫術數類著録。法言十三卷。清四庫儒家類著録。樂未詳。或曰雄有琴清英也。後書曰：「揚雄依虞箴作十二州二十五官箴，其九箴亡闕。」胡廣傳。則尚餘二十八箴。全上古三代文。案陳遵傳之酒箴，即都酒賦也。沈欽韓：「『箴二』下有脱字。」或曰即指十二州、二十五官兩種箴言之。

右儒五十三家，八百三十六篇。入揚雄一家三十八篇。

今計五十二家，八百四十七篇，家數與後總數合，明是「二」誤作「三」，但多十一篇耳。

儒家者流，蓋出於司徒之官，助人君順陰陽明教化者也。游文於六經之中，留意於仁義之際，祖述堯舜，憲章文武，宗師仲尼，以重其言，○師古曰：「祖，始也。述，修也。憲，法也。章，明也。宗，尊也。言以堯舜爲本始而遵修之，以文王、武王爲明法，又師尊仲尼之道。」於道最爲高。

書曰：「契，百姓不親，五品不遜，汝作司徒，敬敷五教在寬。」舜典。淮南子曰：「周公繼文王之業，持天子之政，以股肱周室，輔翼成王，懼争道之不塞，臣下之危上，故縱馬華山，放牛桃林，敗鼓折枹，搢笏而朝，以寧静王室，鎮撫諸侯，移風易俗。孔子修成康之道，述周公之訓，以教七十子，使服其衣冠，脩其篇籍，故儒者之學生焉。」要略訓。此唐、虞、周、孔之教，爲後世祖述，故冠百家之首。晏子，齊相也。然齊非不冠帶之國也，故澤其四經。管子戒篇。而晏子知禮，是亦儒也。若夫高祖、孝文，有陸賈、賈生而導之，足藉儒術，以潤色鴻業矣。

孔子曰：「如有所譽，其有所試。」◯師古曰：「論語載孔子之言也。言於人有所稱譽者，輒試以事，取其實效也。譽音弋於反。」唐虞之隆，殷周之盛，仲尼之業，已試之效者也。

孔子之學，源於唐虞三代之政治，百家皆政論，而儒其一也。故孔子曰：「能以禮讓爲國乎？何有？」論語。其辭雖不驗於當世，而千萬世以後，猶莫能有以易之者。蓋有事實而後有理論，其理論出於事實，終有不可磨滅之精神。中唐以後，禮教寖衰，而中國亦不振，此又非其已試之效者乎？嗚呼！

然惑者既失精微，而辟者又隨時抑揚，違離道本，○師古曰：「辟讀曰僻。」苟以譁衆取寵。○師古曰：「譁，諠也。寵，尊也。譁音呼華反。」後進循之，是以五經乖析，儒學寖衰，此辟儒之患。○師古曰：「寖，漸也。辟讀曰僻。」

惑者爲誰？章句鄙儒如秦延君是也。辟者爲誰？曲學阿世如公孫弘是也。二者皆違離道本，苟以譁衆取寵。雖然，其猶愈於中唐以後之經儒乎？

以上儒

伊尹五十一篇。湯相。

亡。呂覽本味篇述伊尹之言，當出此書。司馬遷曰：「伊尹從湯，言素王九主之事。」史記殷本紀。則所謂君人南面之術也。馬國翰有輯本。

太公二百三十七篇。呂望爲周師尚父，本有道者。或有近世又以爲太公術者所增加也。○師古曰：「父讀曰甫也。」謀八十一篇，言七十一篇，兵八十五篇。

殘。七略別録曰：「師之尚之父之，故曰師尚父。」詩大明正義引。史記曰：「後世之言兵，及周之陰權，皆宗太公爲本謀。」齊世家。案秦策亦曰蘇秦得太公陰符之謀。班氏云：「或有近世又以爲太公術者所增加也。」小説家鬻子注亦有云「後世所加」，俱明原書而有後之傳學者附益。不悟六藝百家之書，多有然者，班豈舉此以例彼邪？錢大昭曰：「謀、言、兵，就二百三十七篇而言，太公其總名也。」沈欽韓曰：「謀者即太公之陰謀，言者即太公之金匱，凡善言書諸金版，群書治要引武韜、太公云云，「文王曰：善，請登之金版。」又文選注太公金匱曰：「詘一人之下，申萬人之上。武王曰：請著金版。」大戴記踐阼篇、吕覽、新書、淮南、説苑所稱皆是。兵者即太公兵法，説苑指武篇引太公兵法。」疏證。隋唐志、通志著録太公書多種，通考僅餘六韜而已，莊子稱金版六弢，徐無鬼篇。淮南子亦言金縢豹韜。精神訓。今六韜與群書治要所載異，乃宋元豐間所删定本也。通志載改正六韜四卷，清四庫兵家類著録六卷。孫星衍有校本及輯佚文，平津館叢書本。黄奭復有輯本。漢學堂叢書。

辛甲二十九篇。紂臣，七十五諫而去，周封之。

亡。馬國翰有輯本。

鬻子二十二篇。名熊，爲周師，自文王以下問焉，周封爲楚祖。○師古曰：「鬻音弋六反。」

殘。清四庫雜家類著録鬻子一卷。小説家亦有鬻子。隋志道家鬻子一卷，小説家無。舊唐志小説家鬻子一卷，道家無。新唐書仍歸道家，蓋本一書而轉輾相隸，今斷從隋志。葉夢得曰：「今一卷止十四篇，本唐永徽中逢行珪所獻。庾仲容子鈔云六篇，馬總意林亦然。其所載辭，略與行珪先後差不倫。」文獻通考。嚴可均曰：「史記楚世家曰『鬻熊子事文王，早卒。其子曰熊麗，熊麗生熊狂，熊狂生熊繹。熊繹當周成王時。』蓋文王師爲鬻熊，成王問爲熊繹，中間隔熊麗、熊狂兩世，鬻子非專記鬻熊之語。故其書于文王、周公、康叔，皆曰昔者。昔者，後乎鬻子之言也。古書不必手著，鬻子蓋康王昭王後，史臣所録，或鬻子子孫所記。今世流傳逢行珪注本。宋又有陸佃校本，分爲十五篇，瑣碎尤甚。逢本，道藏作二卷。以上鐵橋漫稿。以群書治要、文選注、意林等書校對，無甚異同。文選宣德皇后令注引『武王率兵車以伐紂，紂虎旅百萬，陣於商郊，起自黄鳥，至於赤斧，御覽三百一引作赤烏。三軍之士，靡不失色。武王乃命太公把白旄以麾之，紂軍敗走。』今本無之，則視唐本又多殘闕矣。」以上見戊申國粹學報藏書志。嚴説是也。蓋逢本去其妄爲標題，猶古本殘帙，而非僞作，故與僞列子所引三條不類，而與賈子所引六條甚相類也。賈子大政篇。蓋賈子文正有本。清四庫據僞列子謂此即小説家之鬻子，不知其説與班注賈子俱不合也。葉德輝亦有輯本。

筦子八十六篇。名夷吾，相齊桓公，九合諸侯，不以兵車也，有列傳。◯師古曰：「筦讀與管同。」

殘。清四庫法家類著録管子二十四卷。七略曰：「管子十八篇在法家。」史記管晏傳贊正義。今本志入道家。晉傅玄謂：「管子半爲後之好事者所加。」劉恕通鑑外紀引。葉適謂：「以其言毛嬙西施、吴王好劍推之，當是春秋末年人所爲。」水心集。俞正燮曰：「小問篇有秦穆公，或後人追改。」癸巳類稿書管子後。梁章鉅曰：「小稱篇毛嬙西施，天下之美人；小問篇百里徯，秦國之飯牛者，秦穆公舉而相之；輕重甲篇稱梁趙，戊篇稱代趙，皆非其真。」退菴隨筆。嚴可均曰：「八十六篇至梁、隋時，亡謀失、正言、封禪、言昭、修身、問霸、牧民解、問乘馬、輕重丙、輕重庚十篇。宋時又亡王言篇。近人編書目者，謂此書多言管子後事，蓋後人附益者多，余不謂然。先秦諸子，皆門弟子，或賓客，或子孫撰定，不必手著。」鐵橋漫稿。嚴說是也。古之顯達者多養士，士即宦學事師者也。師之身後，士傳其學，及子孫傳習，世世附益。且韓非子言「今治藏管商之法者家有之。」五蠹篇。尤可證其傳業之廣矣。故管子書有經言、外言、內言、短語、區言、雜篇、管子解、管子輕重諸目，明非出於一手也。通志房玄齡尹知章二家注。房注見杜佑指略序，尹注見唐書本傳。或房創而尹繼也。今存尹注，殊陋。清洪頤煊管子義證，戴望管子校正，頗有考訂。

老子鄰氏經傳四篇。姓李，名耳，鄰氏傳其學。

殘。清四庫道家類著録老子衆家本。鄰氏傳亡。今老子經不詳何本。七略曰：「劉向定著二篇八十一章，上經三十四章，下經四十七章。」董思靖道德經集解序說引。則今本老子道德經八十一章，猶七略、別録之舊。惟分上經三十七章，下經四十四章，則又異矣。今存王弼注本最古，河上公本更在王後，次之。陸游曰：「晁以道謂，王輔嗣本老子曰道德經，不析乎道德而上下之，猶近於古。今此本久已離析。」放翁題跋。是在宋季已失王注定本也。僞河上公注本，上篇首章曰體道，下篇首章曰論德，惟尚無道經德經之標目。然初唐人已有之，如賈公彦周禮疏引老子道經、師氏疏引老子道經云：「道可道，非常道。」顔師古漢書注、李賢後漢書注皆引老子道經德經漢書魏豹傳注引老子道經云：「國家昏亂有忠臣。」田横傳注引老子德經云：「貴以賤爲本，高以下爲基。」楚元王傳注引老子德經云：「知足不辱。」西域傳注引老子德經云：「天下有道，却走馬以糞。」又嚴助傳、酷吏傳注俱稱老子道經之言。後漢書翟酺傳注引老子道經云：「魚不可以脱於泉。」是也。故玄宗御注道德經分老子道經卷上，德經卷下。大抵老子本領，盡於首章觀妙觀徼二事，妙者虚無也，徼者因循也。説文云：「徼，循也。」故司馬談曰：「道家以虚無爲本，因循爲用也。」史記自序。自王弼陰用佛説「群有以至虚爲宗，萬品以終滅爲驗」，列子張湛序。誤解徼曰「歸終也」。不知虚無爲本，則老佛同也。而因循爲用，則老佛一積極，一消極，迥殊也。爾後老子注家甚衆，大抵疏陋不足觀。畢沅老子考異，考衆本異同，猶多未盡。

老子傅氏經説三十七篇。述老子學。

殘。傅氏説亡。今老子經不詳何本。牟融曰：「吾覽佛經之要有三十七品，老氏道經亦三十七篇。」理惑論。則東漢之末，傅氏經猶存也。或曰：「即今老子上經三十七章。」孫詒讓札迻。然章篇不侔，蓋非也。

老子徐氏經說六篇。字少季，臨淮人，傳老子。

殘。徐氏說亡。今老子經不詳何本。

劉向說老子四篇。

亡。今說苑、新序有述老子語，當即其說。

文子九篇。老子弟子，與孔子並時，而稱周平王問，似依託者也。

亡。韓非子曰：「齊王問治國於文子。」內儲必罰篇。別録曰：「墨子書有文子，文子即子夏之弟子，問於墨子。」史記孟子荀卿傳引。王充曰：「以孔子爲君，顔淵爲臣，尚不能譴告，況以老子爲君，文子爲臣乎？老子、文子似天地者也。」論衡自然篇。蓋文子下及六國，而其道甚高，文選曹子建表李注謂即辛文子計然，近人江瑔謂即文種，俱非。隋志：「文子十二卷，七略有九篇，梁七録十卷亡。」豈七略本亡，而十二卷僞本行耶？今本即王氏考證謂北魏李暹注本。李注久佚，然唐書宗室表有兩李暹，恐亦非北魏人也。清四庫道家類著録文子，守山閣叢書校本附校勘記，辨僞尤明。章炳麟曰：「今之文子，半襲淮南，所引老子，亦多怪異，其爲依託甚明。文選奏彈曹景宗注引文子曰：『起師十萬，日費千金。』張湛曰：『日有千金之費。』又天監三年策秀才文注引文子曰：『群臣輻湊。』湛曰：『如衆輻之集于轂也。』則張湛曾注此書。今本疑即張湛僞造，與列子同出一手也。其書蓋亦附輯舊文，如僞古文尚書之爲者。故『不爲福始，不爲禍先』二語，曹子建求通親親表已引之，子建所見，當是七略舊本，而張湛摭拾其文，雜以僞語耳。」菿漢微言。章說存參。班注云依託者猶言僞造也。後論力牧詳之。

蜎子十三篇。名淵，楚人，老子弟子。◯師古曰：「蜎，姓也，音一元反。」

亡。蜎淵或作環淵，環、蜎古字通。楚策范環，史記甘茂傳作范蜎，即其證。或作娟嬛，淮南子原道訓。或作便蜎。曹植七啓。司馬遷曰：「環淵學黃老道德之術，著上下篇。」史記孟子荀卿傳。則無十三篇也。高誘曰：「娟嬛，白公時人。」文選七啓引淮南注作蜎環，今淮南注無此文。與環淵爲稷下先生不合，蓋非也。田完世家，環淵，賜列第，爲上大夫。

關尹子九篇。名喜，爲關吏，老子過關，喜去吏而從之。

亡。莊子曰：「關尹、老聃悅古之道術。」天下篇。高誘曰：「關尹喜師老子也。」呂覽審色篇注。列子嘗問於關尹子，莊子達生篇，呂覽審己篇。又嘗師壺丘子林，莊子應帝王篇作壺子，呂覽下賢篇作壺丘子林，淮南子精神訓作壺子林，人表作狐丘子林，皆一人也。鄭子產爲相，往見壺丘子林。呂覽下賢篇。以此推之，則關尹從老子之年時可知也。今關尹子一卷，清四庫道家著録，亦曰文始真經。宋人僞書，更出文子下，無算矣。僞書以僞作之時代不同，亦足覘文化之升降。

莊子五十二篇。名周，宋人。

殘。別録曰：「莊子宋之蒙人也。作人姓名，使相與語，是寄辭於其人，故有寓言篇。」史記老莊申韓傳索隱引。陸德明曰：「漢志莊子五十二篇，即司馬彪、孟氏所注是也。言多詭誕。或似山海經，或類占夢書，故注者以意去取，其内篇衆家並同，自餘或有外而無雜，惟郭子玄所注，特會莊生之旨，故爲世所貴。」司馬彪注二十一卷五十二篇。字紹統，河内人。内篇七，外篇二十八，雜篇十四，解釋三，爲音三卷。孟氏注十八卷五十二篇。不詳何人。郭象注三十三卷三十三篇。字子玄，河内人。内篇七，外篇十五，雜篇十一，爲音三卷。今即郭注三十三篇本矣。清四庫道家著録。然司馬彪注本，隋志、注云二十一卷，今闕。新、舊唐志舊唐二十一卷，新唐二十一卷，又音一卷，蓋後得復完。通志十六卷，蓋復闕。咸著録，通考始無，則亡於南宋矣。故唐、宋類書所引莊子，往往今本所無。莊子本多記古史，故文或詭誕似山海經，自晉人尚虚無，多所刊落，遂喪莊子之全，亦可唏矣。古今莊子注家甚衆，類多不切。王樹枏曰：「其書内篇即内聖之道，外篇即外王之道。天下篇。所謂静而聖，動而王也。天道篇。雜篇者，雜述内聖外王之事，篇各爲意，猶今人之雜記也。」王先謙有集解，郭慶藩有集釋，咸勝舊注。

列子八篇。名圄寇，先莊子，莊子稱之。

亡。尸子曰：「列子貴虚。」廣澤篇。道家以清虚爲治也。今本例子八篇，清四庫道家類著録。前有劉向敘録曰：「列子内外書，凡二十篇，以校除復重十二篇，定著八篇」云云。張湛序稱其祖録於外家王氏舅始周，始周從兄正宗輔嗣，皆好集文籍。馬敘倫曰：「劉向敘録亦依託，蓋列子書早亡，故不甚稱於作者。魏晉以來，好事之徒，聚斂管子、晏子、論語、山海經、墨子、尸校、韓非、呂氏春秋、韓詩外傳、淮南、説苑、新序、新論之言，附益晚説，成此八篇，假爲向敘以見重。汪繼培謂『其會粹補綴之迹，諸書具在，可覆按也。』知言哉。輔嗣爲易注，多取諸老莊，而此書亦出王氏，豈弼之徒所爲歟。」列子僞書考。

案清四庫道家類著録列子八卷，已疑其僞。馬説近是。然以王弼老子注與張湛序互證，王注老子曰：「常無欲，可以觀其始物之妙；常有欲，可以觀其終物之徼。」與張湛序稱「列子書大略明群有以至虚爲宗，萬品以終滅爲驗」，適相應照。雖可推定爲弼僞作，而周穆王篇取穆天子傳，疑此書即湛所綴拾而成也。若劉向敘，附隨本書，不在七略、別録，故後人得僞爲也。且淮南子曰：「兼愛、尚賢、右鬼、非命，墨子之所立也，而楊子非之。全性、保真，不以物累形，楊子之所立也，而孟子非之。」氾論訓。以墨子兼愛、尚賢諸篇目例之，必全性、保真皆楊朱書篇名。本志不載楊朱書，而淮南猶及見之。全性保真者，謂守清静，離情慾，淮南子原道訓高注云：「出生道謂去清浄也，入死道謂匿情欲也。」可證。而列子楊朱篇乃一意縱恣肉慾，仰企桀紂若弗及，直是爲惡近刑，豈不大相刺謬哉？此篇尤當出湛臆造，非有本已。盧文弨群書拾補中有列子張湛注校正，汪繼培亦有列子注校本，秦恩復有覆宋本列子，盧重元注。

老成子十八篇。

亡。老、考古字通，今本列子周穆王篇釋文作考成子。

長盧子九篇。楚人。

亡。史記曰：「楚有長盧。」孟子荀卿傳。長盧子曰：「山嶽河海水金石火木，此積形成乎地者也。」御覽三十七引呂氏春秋。

王狄子一篇。

亡。

公子牟四篇。魏之公子也，先莊子，莊子稱之。

亡。人表曰：「魏公子牟」蓋魏之公子。魏得中山，以邑子牟，呂覽開春論注。故曰公子魏牟，趙策。亦曰中山公子牟，莊子讓王篇，呂覽審爲篇，淮南子道應訓。亦曰范魏牟。荀子非十二子篇注引韓詩外傳。孫詒讓曰：「牟莫一語之轉，蓋即子莫也。」籀膏述林。案孟子曰：「子莫執中無權。」馬國翰有輯本。

田子二十五篇。名駢，齊人，游稷下，號天口駢。◯師古曰：「駢音步田反。」

亡。史記曰：「田駢，齊人，學黃老道德之術。」七略曰：「齊田駢好談論，故齊人爲語曰天口駢。」王應麟考證。齊田氏本陳氏也。故高誘曰：「齊陳駢作道書二十五篇，齊生死，等古今。」呂覽不二篇注。馬國翰有輯本。

老萊子十六篇。楚人，與孔子同時。

亡。孔子曰：「德恭而行信，終日言，不在尤之内，在尤之外，國無道，處賤不悶，貧而能樂，蓋老萊子之行也。」大戴禮記衛將軍文子篇。別録曰：「老萊子，古之壽者。」文選天台山賦注引。馬國翰有輯本。

黔婁子四篇。齊隱士，守道不詘，威王下之。◯師古曰：「黔音其炎反。下音胡稼反。」

亡。馬國翰有輯本。

宮孫子二篇。◯師古曰：「宮孫，姓也，不知名。」

亡。

鶡冠子一篇。楚人，居深山，以鶡爲冠。◯師古曰：「以鶡鳥羽爲冠。」

疑。隋、唐志三卷，必非原書也。韓愈曰：「鶡冠子十有六篇。」讀鶡冠子。陸佃曰：「自博選至武靈王問凡十有九篇。而退之讀此云十有六篇者，非全書也。」鶡冠子序。今本三卷十九篇同。清四庫雜家類著録。沈欽韓曰：「其中龐煖論兵法，漢志本在兵家，爲後人傅合。」王闓運曰：「道家鶡冠子一篇，縱横家龐煖二篇，隋志道家有鶡冠三卷，無龐煖書，而篇卷適相合，隋以前誤合之，凡龐子言皆宜入煖書。」湘綺樓集題鶡冠子。然沈説爲勝。兵家龐煖三篇，汪刻本漢書作二篇，合此鶡冠子一篇，正符三篇之數。後漢書續輿服志：「鶡者勇雉，爲武冠。」道家與兵家相通，本志兵權謀家原有鶡冠子言兵之篇，此亦後世所以誤合兵家龐煖爲一歟。或曰：「五行志引周書曰『知天文者冠鷸冠』，禮家謂之術士冠。今鶡冠子書皆述三才變通，其篇目有天則、天權、能天以及環流、王鈇、泰鴻、泰録等篇，率多談天之語。『鶡』字恐『鷸』字之誤。」然古天文乃係有形之天，鶡冠子所談者，道家言無形之天耳，未可遽易「鶡」爲「鷸」也。

周訓十四篇。◯師古曰：「劉向別録云，人間小書，其言俗薄。」

亡。

黄帝四經四篇。

亡。隋志曰：「漢時諸子道書之流，有三十七家，大旨皆去健羨，處沖虚而已。其黄帝四篇，老子二篇，最得深旨。」道經部。蓋懸揣之談，黄帝四經，隋志已不著録也。王氏考證引史記正義曰「黄帝道書十卷」，亦見玉海卷二十八。未審其詳。史記稱黄老言，田叔傳、張釋之傳、鼂錯傳、儒林傳、武安侯傳、孟子荀卿傳、申不害韓非傳、汲黯鄭當時傳。稱黄帝老子言，陳丞相世家、外戚世家、樂毅傳、日者傳。無慮各數見，先黃帝而後老子者，宜也。班志乃抑黃帝於老子之後，蓋本二劉。或謂谷神一章，列子引作黃帝書，黃帝書正襲老子，故二劉校書抑之耳。然此正倒見，老子襲黃帝書則可耳。金人銘一首，讀於孔子，是亦豈襲老子者哉。大抵漢氏百年之大計，在尊儒，故抑黃老。而黃帝之文，質勝而野，猶不若老子之辭簡意遠，故更抑置於後矣。今黃帝書雖亡，凡見引於韓非、揚權篇。呂覽、應同、去私、圜道、遇合、審時等篇。賈子、宗首、修政上。淮南、繆稱訓、泰族訓。僞列子、天瑞、力命。僞文子、符言、上仁。六韜、漢書賈誼陳政事疏。等書者，率多透宗之警語，不愧道家之鼻祖，但不識爲即此四經之文否耳。

黃帝銘六篇。

殘。黃帝金人銘見於荀子、詳余自序。太公金匱、劉向說苑。王應麟考證據皇覽，嚴可均全上古三代文據太公陰謀、太公金匱，知即黃帝六銘之一，取說苑足之。黃帝巾几銘見於路史，疏仡紀。是六銘尚存其二也。孔子讀金人銘曰：「此言雖鄙，而中事情。」說苑敬慎篇。蓋孔子尚文，故鄙之耳。不知上古語質，不飾以文，此真草昧初狀。劉班尊儒，從而抑之，斯無識已。劉勰曰：「蓋上古遺語，而戰代所記。」文心雕龍諸子篇。孔子尚得讀之，豈戰代所記哉？

黃帝君臣十篇。起六國時，與老子相似也。

亡。「慎到、田駢、接子、環淵皆學黃老道德之術。」史記孟荀傳。前此未聞有此術也，故曰起六國時歟。云與老子相似者，明不同書，雜家子晚子亦云「齊人好議兵，與司馬法相似。」可證也。書不同而文句或有同者，魏晋人僞造列子引老子谷神章，稱黄帝書曰，豈猶及見此書歟？周官外史掌三皇五帝之書。宰予問黄帝於孔子，孔子難之。大戴禮五帝德。周室既衰，史播五帝之書於民間，則其書雖出於六國時，而實傳自上古也。尸子曰：「黄帝取合己者四人，使治四方。」御覽七十九。史記曰：「黄帝舉風后、力牧、常先、大鴻以治民，順天地之紀，幽明之占，死生之説，存亡之難。」五帝本紀。或皆出此書。

雜黄帝五十八篇。六國時賢者所作。

亡。

力牧二十二篇。六國時所作，託之力牧。力牧，黄帝相。

亡。兵陰陽家力牧十五篇，班注語意略同，然未必同書。淮南子曰：「黄帝治天下而力牧、大山稽輔之。」覽冥訓。或據此書。劉勰曰：「風后、力牧篇述者，蓋上古遺語，而戰代所記。」文心雕龍諸子篇。其詞亦視班注爲恕。故班注於道家文子、力牧之外，又如農家神農注云：「六國時，諸子託之神農。」小説家師曠注云：「其言淺薄，似因託。」天乙注云：「其言非殷時，皆依託。」黄帝説注云：「迂誕依託。」兵家封胡、風后、力牧、鬼容區注皆云「依託」。此類語絶不施之於六藝，是其攻諸子甚矣。

孫子十六篇。六國時。

亡。班注云六國時，則非兵權謀家之吴、齊二孫子也。

捷子二篇。齊人，武帝時説。

亡。王念孫曰：「捷子，六國時人，人表在尸子之後，鄒子之前，史記作接子。田完世家、孟荀傳正義説同。注『武帝時説』四字，乃涉下條注『武帝時説於齊王』而衍。」讀書雜志。是也。或據元和姓纂，别捷子、接子爲二人，蓋非。

曹羽二篇。楚人，武帝時説於齊王。

亡。

郎中嬰齊十二篇。武帝時。◯師古曰：「劉向云故待詔，不知其姓，數從游觀，名能爲文。」

亡。

臣君子二篇。蜀人。

亡。

鄭長者一篇。六國時。先韓子，韓子稱之。◯師古曰：「别録云鄭人，不知姓名。」

亡。韓非子嘗稱其説。外儲説右兩引鄭長者言。應劭曰：「春秋之末，鄭有賢人著書一篇，號鄭長者。」慧苑華嚴經音義下引。

楚子三篇。

亡。

道家言二篇。近世，不知作者。

亡。

右道三十七家，九百九十三篇。

今計家數適符。惟太公二百三十七篇，當除去謀八十一篇，言七十一篇，兵八十五篇不計，則得八百一篇，少百九十二篇。若不除去而計之，則得一千零三十八篇，多四十五篇。

道家者流，蓋出於史官，歷記成敗存亡禍福古今之道，然後知秉要執本，清虛以自守，卑弱以自持，此君人南面之術也。

「君人」當爲「人君」之訛。王念孫說。穀梁傳序疏、爾雅序引此，皆不誤。道家誠出於史官，伊尹太公非史官也，則其權首，非自黃帝而誰與？黃帝立史官以來，史氏世守其緒，下至周末。老子爲柱下史，爰播黃帝之書於民間。不然，則黃老道德之術，曷爲而來哉？司馬談家世爲史，猶知此義，故先黃老而後六經，其明驗也。自武帝崇儒，而劉略班志咸體此旨，不獨先六經而後黃老也，抑且黃、老而老、黃之，先老而後黃矣。然試問合於歷史自然之序否，其乖戾一也。儒家助人君明教化，道家人君南面之術，先儒而後道，是未有人君而已有助人君者也，其乖戾二也。故於此而謂之漢氏之政策則可，謂之學術當然，則無是處。

合於堯之克攘，○師古曰：「虞書堯典稱堯之德曰『允恭克讓』，言其信恭能讓也，故志引之云。攘，古讓字。」易之嗛嗛，一謙而四益，此其所長也。○師古曰：「四益，謂天道虧盈而益謙，地道變盈而流謙，鬼神害盈而福謙，人道惡盈而好謙也。此謙卦象辭。嗛字與謙同。」史掌文書，書易所載，史無不得其緒也。錢大昕曰：「古書言旁字與口旁字往往相通，故謙或爲嗛。」一謙而四益者，天益之、地益之、神益之、人益之也。

及放者爲之，則欲絕去禮學，兼棄仁義。○師古曰：「放，蕩也。」曰獨任清虛可以爲治。

史記曰：「莊子散道德，放論。」老莊申韓傳贊。是所謂放者也。然老莊同歸小國寡民之治，有什伯之器而不用，是其黃金天國，故與三代大國之制殊已。

以上道

宋司星子韋三篇。景公之史。

亡。子韋事詳呂覽、制樂篇。論衡。變虛篇。馬國翰有輯本。

公檮生終始十四篇。傳鄒奭始終書。○師古曰：「檮音疇，其字從木。」

亡。錢大昭曰：「作終始者鄒衍，非鄒奭也。」注始終亦誤，當作終始。

公孫發二十二篇。六國時。

亡。

鄒子四十九篇。名衍，齊人，爲燕昭王師，居稷下，號談天衍。

亡。鄒子曰：「政教文質者，所以云救也，當時則用，過則舍之，有易則易也。故守一而不變者，未睹治之至也。」漢書嚴安傳引。則與易言「一陰一陽之謂道」無不合。而與董仲舒言「天不變，道亦不變」者，大相逕庭也。說者謂鄒子疾晚世之儒墨，守一隅而欲知萬方。鹽鐵論論鄒篇。觀其與淳于髡微言，實長於游說。故揚雄曰「鄒衍以頡亢而取世資」，解嘲。蓋陰陽家固與縱橫家之陰陽捭闔相通歟。馬國翰有輯本。

鄒子終始五十六篇。○師古曰：「亦鄒衍所說。」

亡。史記曰：「齊威、宣之時，騶子之徒論著終始五德之運，及秦帝，齊人奏之。」封禪書。

七略曰：「鄒子有終始五德，言土德從所不勝，木德繼之，金德次之，火德次之，水德次之。」文選魏都賦注。蓋其學出於言五帝之運行也。

乘丘子五篇。六國時。

亡。「乘」當作「桑」，沈欽韓、葉德輝說。

杜文公五篇。六國時。◯師古曰：「劉向別録云韓人也。」

亡。

黄帝泰素二十篇。六國時韓諸公子所作。◯師古曰：「劉向別録云或言韓諸公孫之所作也。言陰陽五行，以爲黄帝之道也，故曰泰素。」

亡。

南公三十一篇。六國時。

亡。南公曰：「楚雖三户，亡秦必楚。」史記項羽本紀。後楚卒亡秦，蓋猶今之預言家。

容成子十四篇。

亡。世本曰：「黄帝使容成作調厤。」亦見吕覽勿躬篇。莊子稱容成氏曰：「除日無歲，無内無外。」則陽篇。此抑次於南公之後，當亦如道家之黄帝矣。朱一新曰「疑六國時人作」，非也。

張蒼十六篇。丞相北平侯。

亡。蒼傳曰：「著書十八篇，言陰陽律曆事。」篇數不同，蓋「八」「六」字形近易訛。

鄒奭子十二篇。齊人，號曰雕龍奭。◯師古曰：「奭音試亦反。」

亡。別録曰：「鄒衍之所言，五德終始，天地廣大，盡言天事，故曰『談天』。騶奭修衍之文，飾若雕鏤龍文，故曰『雕龍』。」史記孟荀傳集解引。

閭丘子十三篇。名快，魏人，在南公前。

亡。

馮促十三篇。鄭人。

亡。

將鉅子五篇。六國時。先南公，南公稱之。

亡。

五曹官制五篇。

漢制，似賈誼所條。

亡。賈誼草具儀法，用五爲官，見本傳。五曹算經所説，不識即本此否？

周伯十一篇。齊人，六國時。

亡。

衛侯官十二篇。近世，不知作者。

亡。錢大昭曰「侯當作候」，官名也。

于長天下忠臣九篇。平陰人，近世。◯師古曰：「劉向別録云傳天下忠臣。」

亡。古言忠孝，傳諸五行。董仲舒曰：「五行者，乃忠臣孝子之行也。」春秋繁露五行之義篇。又五行對篇亦有此義。故于長書入陰陽家歟。

公孫渾邪十五篇。平曲侯。

亡。公孫賀之祖。賀傳作昆邪，昆、渾同也。

雜陰陽三十八篇。不知作者。

亡。

右陰陽二十一家，三百六十九篇。

今計二十一家，三百六十八篇，少一篇。

陰陽家者流，蓋出於羲和之官，敬順昊天，歷象日月星辰，敬授民時，此其所長也。

羲和之官，詳于堯典。仲叔四子，分宅四裔。南交則今之安南也。朔方、幽都則今之黑龍江之上源也。別詳余穆天子傳西征今地考。東西至日之所出入，則更遠矣。本其實測，而著歷象，故古之陰陽家未可輕量也。

及拘者爲之，則牽於禁忌，泥於小數，○師古曰：「泥，滯也，音乃計反。」舍人事而任鬼神。○師古曰：「舍，廢也。」

鬼神禨祥小數有驗有不驗，故君子知之而不任也。司馬談曰：「陰陽之術，大祥而衆忌諱，使人拘而多所畏。」史記自序。

以上陰陽

李子三十二篇。名悝，相魏文侯，富國彊兵。

亡。儒家李克七篇，兵權謀家李子十篇，蓋俱非同書。食貨志言「李悝爲魏文侯作盡地力之教」，與史記貨殖傳言「當魏文侯時，李克務盡地力」正合。故知克、悝一人，克、悝疊韻，故古字通。而此其法家言也，蓋自著之書。晉書刑法志言悝撰次諸國法，著法經六篇，商鞅受之以相秦。唐六典注曰：「六法：一盗法，二賊法，三囚法，四捕法，五離法，六具法。」黄奭有輯本。孫星衍謂即漢志之李子三十二篇，李子法經序。似失之。

商君二十九篇。名鞅，姬姓，衛後也，相秦孝公，有列傳。

殘。清四庫法家類著録商子五卷。兵權謀家公孫鞅二十七篇，蓋非同書。商君以法經六篇入秦，後魏刑罰志。而燔詩書。韓非子曰：「藏商、管之法者家有之。」五蠹篇。蓋商君書與管子同，亦出傳學者之手。更法篇首句即稱孝公之謚，又來民篇曰：「今三晉不勝秦，四世矣，自魏襄以來，野戰不勝，守城必拔。」弱民篇曰：「秦師至鄢郢，舉若振槁，唐蔑死於垂涉，莊蹻發於内楚。」此皆秦昭王時事，非商君所及見也。晁公武曰：「二十九篇，今亡三篇。」郡齋讀書志。嚴萬里曰：「今二十六篇，又亡其二，實二十四篇。」嚴校敘目。考所謂三亡篇者，群書治要載商鞅六法篇，餘不可考。所謂又亡其二者，刑約第十六，及無目之第二十一兩篇也。近人校注者，有王時潤商君書斠詮、朱師轍商君書解詁。

申子六篇。名不害，京人，相韓昭侯，終其身諸侯不敢侵韓。○師古曰：「京，河南京縣。」

殘。淮南子曰：「今商鞅之開塞，申子之三符，韓非子之孤憤」，泰族訓。是申子有三符篇也。史記曰：「申子之學本於黃老，而主刑名，著書二篇，號曰申子。」老莊申韓傳。別録曰：「申子學號曰刑名家者，循名以責實。其尊君卑臣，崇上抑下，合於六經也。」史記張叔傳索隱引。今民間所有上下二篇，中書六篇皆合，二篇已備，過太史公所記。」王應麟引史記本傳注，與今史記集解微異。七略曰：「孝宣皇帝重申不害君臣篇。」御覽二百二十一。七録曰：「申子二卷。」史記本傳正義引。隋志注：「梁有三卷亡。」新、舊唐志仍三卷，通志、通考無，御覽有申子。則亡於南宋矣。今僅群書治要載大體篇，蓋亦不完。凡六篇目，三符、君臣、大體三篇目可徵而已。馬國翰有輯本，未盡。王潤時有輯佚文。

處子九篇。○師古曰：「史記云趙有處子。」

亡。處即劇也。今史記處子作劇子。孟荀傳。

慎子四十二篇。名到，先申、韓，申、韓稱之。

殘。清四庫雜家類著録慎子一卷。司馬遷曰：「慎到，趙人，學黃老道德之術，故著十二論。」楊倞曰：「慎到本黃老之術，明不尚賢不使能之道。」荀子解蔽篇注。案非十二子篇以慎到、田駢同譏，儒效篇又以慎，墨同詆，正與韓诗外傳以老，墨爲俗儒略同也。王應麟曰：「漢志四十二篇，今三十七篇亡，惟有威德、因循、民雜、德立、思人五篇，滕輔注。」考證。沈欽韓曰：「今五篇亦非完篇矣。」疏證。嚴可均曰：「隋志、舊新唐志皆十卷，滕輔注。崇文總目三十七篇，書録解題稱麻沙刻本纔五篇，余所見明刻本亦皆五篇，今從群書治要寫出七篇，有注，即滕輔注。其多出之篇，曰知忠，曰君臣，其威德篇多出二百五十三字。雖亦節本，視陳振孫所見本爲勝。藝文類聚六十有漢滕輔祭牙文，隋志梁有晉太學博士滕輔集，慎子注爲漢爲晉，未敢定之。」鐵橋漫稿。錢熙祚亦有校本，附輯佚文。

韓子五十五篇。名非，韓諸公子，使秦，李斯害而殺之。

存。司馬遷曰：「韓非喜刑名法術之學，而其歸本於黄老。作孤憤、五蠹、内外儲、説林、説難十餘萬言。人或傳其書至秦，秦王見孤憤、五蠹之書。」史記本傳。然又曰：「韓非因秦，説難孤憤。」史記自序。則似非之書，作於入秦之後，蓋當以前説爲勝也。王應麟曰：「非書有存韓篇，故李斯言非終爲韓，不爲秦也。後人誤以范睢書廁於其書之間，乃有舉韓之論。通鑑謂非欲覆宗國，則非也。」考證引程氏説。然王氏説亦未盡確，韓非子第一篇初見秦，確爲非書，非范睢書也。戰國策作張儀説秦王書，更誤不可從。吾家千里定從吴師道説。顧千里校本及識誤，王先慎集解，俱善。盧文弨群書拾補中有韓非子校正。

游棣子一篇。○師古曰：「棣音徒計反。」

亡。

鼂錯三十一篇。

亡。史記曰：「鼂錯學申、商刑名於軹張恢。」本傳。馬國翰有輯本。

燕十事十篇。不知作者。

亡。

法家言二篇。不知作者。

亡。

右法十家，二百一十七篇。

今計家數篇數悉符。

法家者流，蓋出於理官，信賞必罰，以輔禮制。易曰「先王以明罰飭法」，○師古曰：「噬嗑之象辭也。飭，整也，讀與敕同。」此其所長也。

理，李古字通，獄官也，今猶曰大理院。賈誼曰：「夫禮者禁於將然之前，而法者禁於已然之後，是故法之所用易見，而禮之所爲生難知也。若夫慶賞以勸善，刑罰以懲惡，先王執此之政，堅如金石，行此之令，信如四時，據此之公，無私如天地耳，豈顧不用哉？」漢書本傳。是故禮法二者，猶今言道德、法律二者，譬猶國家之兩輪，廢一而不行。抑弼之云者，其過重視禮，而以法爲輔助品，微異於今之說。此所以今日中國猶有隻輪不進之象歟。今禮法皆衰，而人心輕法尤甚。

及刻者爲之，則無教化，去仁愛，專任刑法而欲以致治，至於殘害至親，傷恩薄厚。◯師古曰：「薄厚者，變厚爲薄。」

李斯以督責亡秦，其前車已。周壽昌曰：「顏解未晰，此即大學所云於所厚者薄之意，蓋專指秦商鞅、漢鼂錯爲說。」

以上法

鄧析二篇。鄭人，與子産並時。◯師古曰：「列子及孫卿並云子産殺鄧析。據左傳，昭公二十年子産卒，定公九年駟歂殺鄧析而用其竹刑，則非子産所殺也。」

疑。載籍多言子産誅鄧析。見荀子宥坐篇、吕覽離謂篇、說苑指武篇、僞列子力命篇。而左傳言駟歂殺之，蓋別一鄧析也。荀子曰：「山淵平，天地比，齊秦襲，入乎耳，出乎口，鉤有鬚，卵有毛，是說之難持者也，而惠施、鄧析能之。」不苟篇。案非十二子篇亦詆鄧析好治怪說，玩琦辭。淮南子曰：「公孫粲於辭而貿名，鄧析巧辯而亂法。」詮言訓。劉向曰：「鄧析好刑名，操兩可之説，設無窮之辭。」荀子楊倞注引。是鄧析書當與公孫龍、惠施相似，今不然也。惟韓非子曰：「堅白無厚之詞章，而憲令之法息。」問辯篇。故王應麟曰：「鄧析書無厚、轉辭二篇，其論無厚者，言之異同，與公孫龍同類。」考證。蓋堅白無厚者，堅白異同之别語，荀子禮論篇、儒效篇俱詆堅白異同之説，修身篇詆堅白異同有厚無厚之察。公孫龍子有堅白論篇。莊子天下篇述惠施小同異、大同異、無厚不可積諸説。史記孟荀傳言公孫龍爲堅白異同之辨，平原君傳言龍善爲堅白之辯，蓋稱之有詳略也。龍、析可同者祇此耳。然莊子言「以無厚入有間」，養生主。是析之術，亦歸於黄老。説苑敬慎篇載叔向稱老聃説，則老子先鄧析也。無厚者，至薄之别名，此刑名之所以慘礉也。晁公武曰：「析書大旨訐而刻，真其言也。其間時勦取他書，頗駁雜不倫，豈後人附益之與。」群齋讀書志。嚴可均曰：「崇文總目言劉歆校爲二篇，今本二篇即歆所分，而前有劉向奏稱除復重爲一篇者，蓋歆冠以向奏，唐本相承如此也。知者意林及楊倞注荀子皆云向，不云歆也。因據各書引見，改補五十餘事，疑者闕之。舊三十二章，今合并爲三十一章，節次或不相屬，而詞恉完具，各書徵用，鮮出此外。惟御覽八十符子引鄧析言曰：『古詩云堯、舜至聖，身如脯腊，桀、紂無道，肌膚二尺。』今本無之，當是佚脱。」鐵橋漫稿。由嚴之説，則是今本猶仍唐人所見本也。清四庫法家類著録。

尹文子一篇。說齊宣王。先公孫龍。○師古曰：「劉向云與宋鈃俱游稷下。鈃音形。」

亡。劉歆曰：「其學本于黄老，居稷下，與宋鈃、彭蒙、田駢等同學于公孫龍。」容齋續筆十四引。隋、唐志二卷，即今本尹文子上下二篇，復有殘闕。清四庫雜家類著録。然莊子曰：「宋鈃、尹文作爲華山冠以自表，接萬物以別宥爲始。語心之容，命之曰心之行。以聏合驩，以調海内。」天下篇。宥、囿古字通。尸子曰「料子貴別囿」，即別宥也。別宥者，解除囿隔也。說文曰：「別，分解也。」呂覽有去宥篇。尹文接萬物，首尚解除囿隔，今書乃曰：「接萬物使分，別海内使不雜。」大道篇。馬敘倫說。不合者一。聏、耎古字通。皆從而，以雙聲得聲。尹文以驩顔寢兵，和調天下，今書仍曰：「以名法治國，萬物所不能亂，以權術用兵，萬物所不能敵。」仁義篇。檢之。累於俗，飾於物者，不可與爲治。」大道篇。不合者二。且稱引老子三條，說多鄙倍。說苑述尹文語，君道篇。文絶不類，徼訓徼終，先漢未有。王弼老子注云：「徼，歸終也。」於是列子曰：「死也者，德之徼也。」天瑞篇。尹文子亦曰：「窮則徼終，徼終則反始。」大道篇。二書之出同時，而義亦相照，其爲魏、晋間人所依託無疑。沈欽韓曰：「以大道爲書，而雜以山雞鳳皇，字長子曰盜，次子曰毆，亦詼嘲無稽甚矣。」馬敘倫曰：「今尹文子二篇。詞說庸近，不類戰國時文，陳義尤雜，出仲長統所撰定。然仲長統之序，前儒證其僞作，蓋與二篇並出僞作。」莊子義證天下篇。馬說至碻。汪繼培、錢熙祚、王時潤咸有校本。

公孫龍子十四篇。趙人。○師古曰：「即爲堅白之辨者。」

又殘。公孫龍，字子秉。列子釋文。莊子謂惠子曰：「儒墨楊秉四，與夫子爲五。」徐无鬼篇。又曰「駢於辨者，纍瓦結繩，竄句游心於堅白同異之間，而敝跬譽無用之言，非乎？而楊墨是已。」駢拇篇。蓋名者凡治學者所共有之事也，今惟公孫龍子尚爲確信之書。別録曰：「公孫龍持白馬之論以度關。」初學記卷七。案羅振玉近刻古籍叢殘有唐寫本古類書第一種，白馬注云：「公孫龍度關，關司禁曰：馬不得過。公孫曰：我馬白，非馬。遂過。」可爲別録之證。又韓非子外儲說左上篇：「兒說乘白馬而過關。」亦一類之事。則以其白馬論爲最著名也。隋志不著録，舊唐志三卷，賈公彦之子賈大隱曾爲作注。通志一卷，亡八篇，則殘於宋矣，故今本止六篇。然首篇跡府，疑非原書。凡爲辨者，有事以爲例，則易喻，即事而爲辨，則易迷，故公孫龍責秦王以非約，呂覽淫辭篇。折孔穿之詞悖，跡府篇。其言明且清。惟書中如白馬至名實五篇，類以一詞纍變不窮，轉而益深，幾令人莫明其所謂，必繩以名家科律、然後瞭焉。此又讀其書，初覺詭異，而實不詭異也。清四庫雜家類著録。王潤時有校本。

成公生五篇。與黄公等同時。○師古曰：「姓成公。劉向云與李斯子由同時。由爲三川守，成公生游談不仕。」

亡。

惠子一篇。名施，與莊子並時。

亡。惠施，宋人也。呂覽淫辭篇高注。其學去尊呂覽爱類篇。而多方，其書五車，莊子天下篇。爲魏惠王相。莊子秋水篇。魏惠王即梁惠王。當惠王之時，五十戰而二十敗，大術之愚，爲天下笑，乃請令周太史更著其名。呂覽不屈篇。故老子曰「辯者不善」，得非惠施之謂乎？及施死，而莊子猶曰：「自夫子之死也，吾无與之言矣。」莊子徐無鬼篇，説苑説叢篇。述其歷物之意，天下篇。蓋即施書一篇大旨所在。馬國翰有輯本。

黄公四篇。名疵，爲秦博士，作歌詩，在秦時歌詩中。◯師古曰：「疵音才斯反。」

亡。

毛公九篇。趙人，與公孫龍等並游平原君趙勝家。◯師古曰：「劉向别録云論堅白同異，以爲可以治天下。此蓋史記所云『藏於博徒』者。」

亡。

右名七家，三十六篇。

今計家數篇數悉符。

名家者流，蓋出於禮官。古者名位不同，禮亦異數。孔子曰：「必也正名乎！

名不正則言不順，言不順則事不成。」◯師古曰：「論語載孔子之言也。言欲爲政，必先正其名。」此其所長也。

晉太子曰仇，少子曰成師，師服曰：「名自名也，物自定也。今適庶名反逆，此後晉其能毋亂乎？」史記晉世家。管子曰：「名者，聖人之所以紀萬物也。」心術上篇。韓非子曰：「名正物定，名倚物徙，故聖人執一以靜，使名自命，令事自定。」揚權篇。然則黃帝孔子咸主正名，固言治之首務。以紀萬物，安得而不有數。惟道法儒墨紛紛咸首重在此，而用之又各不同歟。

及警者爲之，◯晉灼曰：「警，訐也。」師古曰：「警音工釣反。」則苟鉤鈲析亂而已。◯師古曰：「鈲，破也，音普革反，又音普狄反。」

晉注非也。警、繳古字通，煩也，史記自序服虔注。所謂「名家苛察繳繞」史記自序，漢書司馬遷傳。如淳曰：「繳繞猶纏繞，不通大體也。」是也。公孫粲辭而貿名，猶不免乎此弊。

以上名

尹佚二篇。周臣，在成、康時也。

亡。尹佚亦曰尹逸，周書克殷解。又曰史佚。周書作尹逸，史記周本紀作史佚。魯惠公使宰讓請郊廟之禮於天子，天子使史角往，惠公止之。其後在於魯，墨子學焉。吕覽當染篇。豈史角之先，出自尹佚，故以佚書爲墨家冠，且以其出於清廟之守耶？周頌曰：「於穆清廟。」馬國翰有輯本。

田俅子三篇。先韓子。○蘇林曰：「俅音仇。」

亡。田俅即田鳩也，見韓非、外儲説右上篇。吕覽首時篇。之書。隋志曰：「梁有田俅子一卷。」然唐宋類書，時見稱引。多言符瑞，亦明鬼之意歟？馬國翰有輯本。

我子一篇。○師古曰：「劉向別録云爲墨子之學。」

亡。應劭曰：「我子，六國時人。」元和姓纂二十三哿引風谷通。

隋巢子六篇。墨翟弟子。

亡。隋、唐志，通志咸一卷。洪邁曰「書今不存」，則亡於宋矣。其尚儉、史記自序正義引韋昭説。明鬼，傳墨之術。馬國翰有輯本。亦見孫詒讓墨子閒詁附墨語下。

胡非子三篇。墨翟弟子。

亡。隋、唐志，通志咸一卷。洪邁曰：「今不存。」葉德輝曰：「其書大恉與貴義、尚同相近。」馬國翰有輯本，亦見孫詒讓墨子閒詁附録。

墨子七十一篇。名翟，爲宋大夫，在孔子後。

殘。墨翟，魯人也。呂覽當染愼大篇注。孔丘、墨翟無地爲君，無官爲長，呂覽順説篇。蓋爲孔子服役者七十人，韓非子五蠹篇。爲墨子服役者百八十人。淮南子泰族訓。孔墨之競起於當時，其遺烈之盛，可思矣。淮南子曰：「孔墨皆修先聖之術，通六藝之論。」注術訓。然非也。墨子長於詩書春秋，遺書可覆案也。詩書春秋猶不足以破鬼神，惟易足以破之。易明天地萬物之原，故無鬼神，説見前。使墨氏而通六藝，則不爲明鬼之説矣。墨非其姓，以日夜勤勞，面目瘠墨得號。別有考。故其道近於釋氏之小乘，西方之天主。別録曰：「墨子書有文子。文子，子夏之弟子，問於墨子。」如此，則墨子者在七十子後也。史記孟荀傳引。其書宋世已亡九篇，久無善本。清四庫雜家類著録。清畢沅校本，孫詒讓墨子閒詁，孫尤勝。

右墨六家，八十六篇。

今計家數篇數悉符。

墨家者流，蓋出於清廟之守。茅屋采椽，◯師古曰：「采，柞木也，字作棌，本從木。以茅覆屋，以棌爲椽，言其質素也。采音千在反。」是以貴儉；養三老五更，是以兼愛；選士大射，是以上賢；宗祀嚴父，是以右鬼；◯如淳曰：「右鬼，謂信鬼神。若杜伯射宣王，是親鬼而右之。」師古曰：「右猶尊尚也。」順四時而行，是以非命；◯蘇林曰：「非有命者，言儒者執有命，而反勸人修德積善，政教與行相反，故譏之也。」如淳曰：「言無吉凶之命，但有賢不肖善惡。」以孝視天下，是以上同：◯如淳曰：「言皆同，可以治也。」師古曰：「墨子有節用、兼愛、上賢、明鬼神、非命、上同等諸篇，故志歷序其本意也。視讀曰示。」此其所長也。

此蓋釋墨家之術，出自周清廟之守也。故左氏傳曰：「清廟茅屋，昭其儉也。」桓二年。此貴儉之所出也。其餘養三老五更，選士大射，宗祀嚴父，順四時而行，以孝視天下，無一不可附會孝經三禮而爲之辭。然儒家之道，至孔子而昌；墨家之道，亦至墨子而盛。淮南子曰：「墨子背周道而用夏政。」要略訓。準斯以談，當以夏爲說。則禹思天下有溺者，猶己溺之也，孟子離婁下篇。蓋兼愛之所出也。禹南省方，濟於江，黃龍負舟，熙然而稱曰：「我受命於天，竭力而勞萬民。生，寄也，死，歸也，何足以滑和。」精神訓。蓋非命之所出也。禹又菲飲食而致孝乎鬼神，惡衣服而致美乎黻冕，卑宮室而盡力乎溝洫，論語。蓋貴儉、上賢、右鬼、尚同之所出也。禮記射義曰：「天子將祭，必先習射於澤。澤者所以擇士也。」故致孝鬼神，致美黻冕，皆祭事而兼包射事。孔子年事稍先，猶循循周道，未遽變革。百家言黃帝，變周最烈，然其自居也猶厚，惟墨子崛起其間，反周從夏，日夜不休，勞形天下。莊子曰：「墨子真天下之好也，將求之不得也，雖枯槁不舍也，才士也夫。」天下篇。嗚呼！斯言不虛美矣，千萬世以後，有以勞働爲神聖，則墨之爲人傑，不尤大彰明較著哉！

及蔽者爲之，見儉之利，因以非禮，推兼愛之意，而不知別親疏。

此蔽者，蓋指墨子節葬非禮，兼愛無父，皆孟子所譏。然由今觀之，孟子之説有不盡然矣。

以上墨

蘇子三十一篇。名秦，有列傳。

殘。史記本傳曰：「秦得周書陰符，伏而讀之，期年以出揣摩。」裴駰曰：「鬼谷子有揣摩篇。」集解。王劭曰：「揣情摩意，是鬼谷之二章名。」索隱引。案太平御覽引亦稱揣情、摩意篇，今本作揣摩二篇。服虔曰：「抵音紙。陒音羲。謂罪敗而復抨彈之，蘇秦書有此法。」顔師古曰：「陒與戲同音，戲亦險也。鬼谷子有抵戲篇也。」漢書杜周傳贊注。是諸家皆以鬼谷子爲即蘇秦書，而服虔爲漢經師大儒，其言尤可信也。漢書主父偃傳注。服虔曰：「蘇秦法百家書説也。」此亦一證。惟鬼谷子曰：「周有豪士居鬼谷，號爲鬼谷先生，蘇秦、張儀往見之，擇日而學。」御覽五百三十引。故史記蘇秦張儀傳皆本此説，則宜鬼谷子自鬼谷子，蘇秦書自蘇秦書，不相同也。然説苑引鬼谷子曰：「人之不善，而能矯之者難矣。」善説篇。或本蘇秦述其師説，故劉向別録原題鬼谷子。班志本七略，從其核實，題名蘇子，未可知也。隋志鬼谷子三卷，樂注。新唐志二卷，蘇秦撰，又三卷樂臺注。樂臺曰：「蘇秦欲神秘其道，故假名鬼谷。」蘇秦傳索隱引。案兩唐志、通志皆作樂臺，意林王氏考證作樂臺。其言或別有本。今書自捭闔至符言十二篇，尚有佚篇，清四庫雜家類著録。明胡應麟筆叢謂隋志有三十一篇，無據。司馬遷稱「聖人不朽，時變自守。虛者時之常也，因者君之綱也。」索隱謂「其詞出鬼谷」，今本無之，蓋在佚篇中矣。秦恩復重校本佳，嘉慶十年刻。近王時潤亦有校本。

張子十篇。名儀，有列傳。

亡。

龐煖二篇。爲燕將。◯師古曰：「煖音許遠反。」

亡。兵權謀家有龐煖三篇，蓋非同書。

闕子一篇。

亡。應劭曰：「闕，姓也。縱横家有闕子著書。」後漢書獻帝紀注引風俗通。嚴可均曰：「闕子，劉逵注吴都賦、酈道元注水經睢水，並采用之，當是先秦古書。」鐵橋漫稿。馬國翰有輯本。

國筮子十七篇。

亡。

秦零陵令信一篇。難秦相李斯。

亡。文選吴都賦注，有引秦零陵令信上書曰：「荊軻挾匕首，卒刺陛下。」即此。

蒯子五篇。名通。

亡。本傳曰：「論戰國時説士權變，亦自序其説，凡八十一首，號曰雋永。」馬國翰有輯本。

鄒陽七篇。

亡。馬國翰有輯本。

主父偃二十八篇。

亡。本傳曰：「偃學長短縱横術。」馬國翰有輯本。

徐樂一篇。

亡。馬國翰有輯本。

莊安一篇。

亡。即嚴安，此本七略，故作莊安。馬國翰有輯本。

待詔金馬聊蒼三篇。趙人，武帝時。◯師古曰：「嚴助傳作膠蒼，而此志作聊；志傳不同，未知孰是。」

亡。錢大昭曰：「風俗通有聊蒼，爲漢侍中，著子書。」廣韻二蕭引。據此，則作膠者通叚字。

右從横十二家，百七篇。

今計家數篇數悉符。

從横家者流，蓋出於行人之官。孔子曰：「誦詩三百，使於四方，不能專對，雖多亦奚以爲？」◯師古曰：「論語載孔子之言也。謂人不達於事，誦詩雖多，亦無所用。」又曰：「使乎，使乎！」◯師古曰：「亦論語載孔子之言，歎使者之難其人。」言其當權事制宜，受命而不受辭，此其所長也。

詩曰：「蓺麻如之何，横縱其畝。」「横」字據韓詩。東西耕曰横，南北耕曰縱。中國，農業之國也，轉被其耕稼之詞，於行人之術。使臣曰行人，春秋朝聘頻煩，斯職尤重，賦詩斷章，增輝壇坫。孔子欲進庶人於朝，故曰「不學詩，無以言。」而教弟子誦詩，貴能奉使專對，其後子貢一出，存魯亂齊破吴彊晋而霸越。史記仲尼弟子傳。故孔子者，春秋之縱横大師，而子貢者，春秋之縱横大家也。蘧伯玉使人於孔子，孔子與之坐，而問夫子何爲，使者對曰：「夫子欲寡其過而未能也。」故孔子贊歎之曰：「使乎，使乎？」美其能於辭不受諸主，而善制宜以應賓也。莊子則陽篇、淮南子原道訓皆有蘧伯玉知非之文，況對孔子尤宜直對以實，故爲美也。論衡問孔篇謂孔子曰：「使乎！使乎！」非之也，非其不當代人謙。此王充野言，不足據。然則私人賓朋之間，酬酢之詞，亦比諸縱横之屬也。國交私交，本主忠信，而有時乎行權者，豈得已哉？如子貢之爲，興亡係乎數國之鉅，而爲救魯祖國，不可非也。

及邪人爲之，則上詐諼而棄其信。○師古曰：「諼，詐言也，音許遠反。」

邪人者，蘇、張是也。戰國之世，一詐諼之世也。春秋交聘，猶賦詩斷章，口道禮義忠信，及戰國而此風絶矣。國際道德盡亡，説詳日知録。蘇秦説秦王不成，而東合六國以抗秦，曰縱。張儀説山東諸國不成，而西入秦，用秦以破六國之縱，曰横。縱横之起，由此擾擾，以至秦漢興亡。韓非子曰：「從横之黨，借力於國，從者合衆弱以攻一强也，衡者事一强以攻衆弱也，皆非所以持國也。」五蠹篇。然就彼善於此而論，則蘇秦先迷而後復，功愈於張儀。張儀，魏人也，寧爲本國之罪人也。秦自孝公而後，坐收山東之士，以滅山東之國，故滅六國者六國也。容齋隨筆二曰：「六國所用相，皆其宗族及國人，如齊之田忌、田嬰、田文，韓之公仲、公張儀、其他若樓緩趙人，魏人公孫鞅也，其始與之謀國以開霸業者，獨秦不然，魏王至以太子爲相。平原君，趙之奉陽、叔，魏冉、范雎皆魏人，蔡澤燕人，呂不韋韓人，李斯楚人，皆委國聽之，卒以兼天下。」六國之主，不恤其士，以至宗社邱墟，誠不足責。而六國之士，懷才無所用，未嘗思有以易其祖國之政教，輒求逞於異邦。既逞矣，又輒復借異邦之力，以反噬本國，如商鞅之徒中，類是其人也。在諸夏同種列邦，宜不可以近世之國界論，然揆諸公山不狃言「君子不以所惡廢鄉」之義，豈非君子之道，淪喪已盡哉。故夫孔子遠矣，玄聖素王，將以自立也，奸七十二君而不遇，則退老尼山，制經立教，以待諸千萬世之後。

以上縱横

孔甲盤盂二十六篇。黄帝之史，或曰夏帝孔甲，似皆非。

七略曰：「黄帝之史，或曰夏帝孔甲，似皆非。」古謂鍾鼎亦曰盤盂，墨子兼愛下篇曰：「琢於盤盂。」魯問篇作「鍾鼎」。田蚡學盤盂書。見本書。

曰：「盤盂書者，其傳言孔甲爲之。孔甲，黄帝之史也。書盤盂中爲誡法，或於鼎，名曰銘。」王氏考證。案田蚡傳應劭注略同。班氏非之，似近苛也。

大帝三十七篇。傳言禹所作，其文似後世語。◯師古曰：「帝，古禹字。」

賈子引大禹曰：「民無食也，則我弗能使也；功成而不利於民，我弗能勸也。」修政語上篇。與周書大聚篇引禹之禁，文傳篇引夏箴，文俱相似，蓋皆在此大禹書中。然班注謂其文似後世語者，必以其明暢流利，適與晚周百家語相似，故云然也。不知言有文質，未可一概而論，故黃帝金人銘，決不如詩書之温文爾雅，由金人銘質言而詩書文言也。則假如大禹書而有似乎百家之文，亦何害其爲禹書哉。

伍子胥八篇。名員，春秋時爲吳將，忠直遇讒死。

疑。兵技巧家伍子胥十篇，蓋非同書。越絶書明言「一説子胥作，外者非一人作。」洪頤煊曰：「今本越絶，篇次錯亂。以末篇證之，本八篇，太伯第一、荆平第二、吳第三、計倪第四、請糴第五、九術第六、兵法第七、陳恒第八，與雜家伍子胥篇數正同。」讀書叢録。蓋越絶本分内外傳。崇文總目稱舊有内傳八，外傳十七，今文題闕舛，裁二十篇。内傳八篇，今存荆平、王吳、計倪、請糴、陳成恒、九術六篇。計倪猶稱内。審其文字，當即雜家之伍子胥書，而餘爲後漢袁康作也。文選注顔延年侍遊曲阿後湖詩、張協七命兩注。太平御覽三百十五。並引越絶書伍子胥水戰法，御覽七又七百引越絶書子胥船軍之教。當爲兵法篇之佚文。舊唐志伍子胥兵法一卷，或即越絶書兵法篇之單行者。

子晚子三十五篇。齊人，好議兵，與司馬法相似。

亡。孫德謙曰：「子晚子者，以子墨子證之，蓋兵家大師也，以其學術通博，而所長則在兵耳。」漢書藝文志舉例。

由余三篇。戎人，秦穆公聘以爲大夫。

亡。兵形勢家繇敘二篇，蓋非同書。由繇、余敘，通叚字。司馬遷曰：「由余其先晉人也。亡入戎，戎王使觀秦，秦繆公問曰：「中國以詩書禮樂法度爲政，然尚時亂，今戎夷無此，何以爲治？」由余曰：「此乃中國所以亂也。夫自上聖黄帝作爲禮樂法度，身以先之，僅以小治。及其後世，日以驕淫，阻法度之威，以督責於下，下罷極，則以仁義怨望於上，上下交争怨而相篡弑，至於滅宗，皆以此類也。夫戎夷不然，上含淳德，以愚其下；下懷忠信，以事其上。一國之政，猶一身之治，不知所以治，此真聖人之治也。」史記秦本紀。由是觀之，不獨見黄老之治即戎夷之道，復可見雜家以道德爲歸，亦自由余啓之。馬國翰有輯本。

尉繚二十九篇。六國時。○師古曰：「尉，姓；繚，名也。音了，又音聊。劉向别録云繚爲商君學。」

亡。兵形勢家有尉繚三十一篇，蓋非同書。然隋志雜家尉繚子五卷，謂「梁并録六卷，梁惠王時人。」則已合兵家尉繚而爲一矣。初學記、御覽六百八十四。引尉繚子，並雜家言，是其書，唐宋猶存。史記曰：「大梁人尉繚來説秦王，其計以散財物，賂諸侯强臣，不過三十萬金，則諸侯可盡。」始皇本紀。此當爲雜家尉繚，非梁惠王時之兵家尉繚。世本魏無哀王，史記有，誤，故據汲冢紀年。梁惠王末年，即周慎靚王三年，當西紀前三百二十五年，至始皇十年，當西紀前二百三十六年，中隔八十九年。爲商君學者，蓋不必親受業，如有爲神農之言者許行，是其比也。

尸子二十篇。名佼，魯人，秦相商君師之。鞅死，佼逃入蜀。○師古曰：「佼音絞。」

亡。注魯人者，晋人之訛也。史記曰：「楚有尸子。」孟荀傳。别録疑謂其在蜀。孟荀傳注引。王應麟曰：「今案尸子書，晋人也，名佼，秦相衛鞅客也。鞅謀事畫計，立法理民，未嘗不與佼規也。商君被刑，佼恐並誅，乃逃入蜀，造二十篇書，凡六篇餘言。」考證。隋、唐志並著録，宋時全書已亡。清汪繼培有輯本。孫星衍有校本。

吕氏春秋二十六篇。秦相吕不韋輯智略士作。

存。司馬遷曰：「吕不韋上觀尚古，删拾春秋，集六國時事，以爲八覽六論十二紀，爲吕氏春秋。」史記十二諸侯年表。又曰：「不韋遷蜀，世傳吕覽。」史記自序。然今二十六篇以十二紀八覽六論相次，稍與古異。清四庫雜家類著録。夫秦本無儒，異國之士，輻湊於秦，形成帝業，於是雜家之學大盛，由余、尉繚、尸子、吕覽先後踵輝，比亦一時之奇觀也，今僅吕覽尚存。高誘曰：「此書所尚，以道德爲標的，以無爲爲綱紀，以忠義爲品式，以公方爲檢格，與孟軻、荀卿、淮南、揚雄相表裏也。」吕覽序。蓋「其書沈博絶麗，彙儒墨之恉，合名法之源」，本畢沅語。而以黄老道德爲宗，示天下政治之大歸。秦失其道，而漢以黄老致治者且百餘年。是書可不謂之雞鳴知旦者哉？然亦於此，可見黃老之學，適所以造成秦漢專制之治。畢沅校本佳。梁玉繩有呂子校補及續補。陳昌齊有呂氏春秋正誤。

淮南内二十一篇。王安。

存。清四庫雜家類著録。其書有曰：「此鴻烈之泰族也。」要略訓。則自名曰鴻烈，故高誘曰：「其大較歸之於道，號曰鴻烈。鴻，大也。烈，明也。以爲大明道之言也。劉向校定撰具，名之淮南。」淮南子敘。西京雜記曰：「淮南王安著鴻烈二十一篇。鴻，大也。烈，明也。言大明禮教，號爲淮南子。」卷三。蓋七略、別録始題曰淮南矣。班固曰：「淮南王安好書，所招致率多浮辯。」景十三王傳。誠爲定論。然安當西漢盛期，多見古書。其囊括群籍，幾欲上掩尸、呂。天文訓一篇，最爲奧博，後世陰陽五行之説多祖之，即其驗也。高誘未諳術數，注甚簡略。清錢塘有天文訓補注，其父錢大昕謂「可上窺渾蓋宣夜之原，旁究堪輿叢辰之應」云。通行莊逵吉校道藏本，然非其舊，有藏本是而各本非者，多改從各本；其藏本與各本同誤者，一概不能釐正；更有未曉文義而輒行删改，及妄生異説者。王念孫別有精校本，較勝。又陳昌齊有淮南子正誤。

淮南外三十三篇。○師古曰：「内篇論道，外篇雜説。」

亡。本傳曰「外書甚衆」，即此。

東方朔二十篇。

殘。別録曰：「朔之文辭，客難、非有先生論，此二篇最善。其餘有封泰山、責和氏璧，及皇太子生禖、屏風、殿上柏柱、平樂觀賦獵，八言、七言上下，從公孫宏借車，凡朔書具是矣。」朔傳注引。然本傳具述劉向所録朔書，無七諫。本志詩賦略無楚辭，亦無東方朔賦，蓋有漏略。

伯象先生一篇。◯應劭曰：「蓋隱者也，故公孫敖難以無益世主之治。」

亡。公孫敖難伯象先生，見新序佚篇。御覽八百十一引新序，今本無之。

荆軻論五篇。軻爲燕刺秦王，不成而死，司馬相如等論之。

亡。亦謂荆軻讚，見文章緣起、文心雕龍。王氏考證。

吴子一篇。

亡。兵權謀家吴起四十八篇，蓋非同書。

公孫尼一篇。

亡。儒家公孫尼子二十八篇，蓋非同書。

博士臣賢對一篇。漢世，難韓子、商君。

亡。

臣說三篇。武帝時所作賦。○師古曰：「說者，其人名，讀曰悅。」

亡。沈濤曰：「注『賦』字誤衍。」

解子簿書三十五篇。

亡。

推雜書八十七篇。

亡。

雜家言一篇。王伯，不知作者。○師古曰：「言伯王之道。伯讀曰霸。」

亡。

右雜二十家，四百三篇。入兵法。

今計二十家，三百九十三篇，少十篇。陶憲曾曰：「入兵法上，挩『出蹴鞠』三字。兵書四家，惟兵技巧入蹴鞠一家，二十五篇，而諸子家下，亦注出蹴鞠一家，二十五篇，是蹴鞠正從此出而入兵法也。」

雜家者流，蓋出於議官。兼儒、墨，合名、法，知國體之有此，○師古曰：「治國見王治之無不貫，○師古曰：「王者之治，於百家之道，無不貫綜。」此之體，亦當有此雜家之説。」

其所長也。

管子曰：「黄帝立明臺之議者，上觀於賢也；堯有衢室之問者，下聽於人也；舜有告善之旌，而主不蔽也；禹立諫鼓於朝，而備訊唉；湯有總街之庭，以觀人誹也；武王有靈臺之復，而賢者進也。」桓公曰：「吾欲效而爲之，其名云何。」「名曰嘖室之議，請以東郭牙爲之。」桓公問篇。則置以爲大諫臣。呂覽勿躬篇。此正班志之所謂議官也。孔子曰「天下有道，則庶人不議」者，議官不失職故也。

及盪者爲之，則漫羡而無所歸心。○師古曰：「漫，放也。羡音弋戰反。」

盪、蕩古字通。漫羡即漫衍也。盪者蓋指淮南王，故其本傳斥之曰「好書多浮辯」。

以上雜

神農二十篇。六國時，諸子疾時怠於農業，道耕農事，託之神農。○師古曰：「劉向別録云疑李悝及商君所説。」

亡。周官外史掌三皇五帝之書。故管子稱神農之數，揆度篇。呂覽述神農之教，愛類篇。鼂錯誦神農之法。本書食貨志。漢武帝崇儒而後，頗擯百家，故此書亦在所疑之列矣。馬國翰有輯本。

野老十七篇。六國時，在齊、楚間。○應劭曰：「年老居田野，相民耕種，故號野老。」

亡。馬國翰有輯本。

宰氏十七篇。不知何世。

亡。范蠡傳曰：「陶朱公師計然，姓宰氏，字文子，葵邱濮上人。」元和姓纂十五海宰氏姓下引。葉德輝曰：「據此，則唐人所見史記貨殖傳裴駰集解曰：『計然者，葵邱濮上人，姓辛氏』，本作宰氏。」是宰氏即計然。

注言不知何世，蓋書中僅論農事而不載其事跡也。馬國翰有輯本，題曰范子計然。

董安國十六篇。漢代内史，不知何帝時。

亡。

尹都尉十四篇。不知何世。

亡。別録曰：「尹都尉書有種芥、葵、蓼、薤、葱諸篇。」御覽九百八十。沈欽韓曰：「齊民要術引氾勝之曰尹澤取減法。」種穀篇。似尹都尉名澤也。馬國翰有輯本。

趙氏五篇。不知何世。

亡。沈欽韓曰：「疑即趙過。」過見食貨志。

氾勝之十八篇。成帝時爲議郎。◯師古曰：「劉向別録云使教田三輔，有好田者師之，徙爲御史。氾音凡，又音數劍反。」

亡。晋書曰：「漢遣輕車使者氾勝之督三輔種麥，而關中遂穰。」食貨志。通志農家氾勝之書二卷，通考無，蓋亡於宋末矣。馬國翰、洪頤煊咸有輯本。

王氏六篇。不知何世。

亡。

蔡癸一篇。宣帝時，以言便宜，至弘農太守。◯師古曰：「劉向別録云邯鄲人。」

亡。馬國翰有輯本。

右農九家，百一十四篇。

今計家數篇數悉符。

農家者流，蓋出於農稷之官。播百穀，勸耕桑，以足衣食。故八政一曰食，二曰貨。孔子曰：「所重民食。」◯師古曰：「論語載孔子稱殷湯伐桀告天辭也。言爲君之道，所重者在人之食。」此其所長也。

神農播百穀，禹稷躬稼。酈生曰：「知天之天者，王事可成；不知天之天者，王事不可成。王者以民人爲天，而民人以食爲天。」史記本傳。伏生曰：「八政何以先食，食者萬物之始，人所本者也。」尚書大傳。蓋猶今世云經濟爲萬事之母也。

及鄙者爲之，以爲無所事聖王，◯師古曰：「言不須聖王，天下自治。」欲使君臣並耕，誖上下之序。◯師古曰：「誖，亂也，音布内反。」

有爲神農之言者許行，欲與民並耕而食，孟子嘗斥之，是也。

以上農

伊尹說二十七篇。其語淺薄，似依託也。

亡。道家名伊尹，此名伊尹說，必非一書。禮家之明堂陰陽，與明堂陰陽說爲二書，可比證，然亦可明道家小說家一本矣。

鬻子說十九篇。後世所加。

亡。道家名鬻子，此名鬻子說，亦必非一書。與伊尹說一書正同例。

周考七十六篇。考周事也。

亡。

青史子五十七篇。古史官記事也。

亡。青史氏之記，述古胎教。大戴禮保傅篇。劉勰曰：「青史曲綴於街談。」文心雕龍諸子篇。馬國翰有輯本，亦見丁晏佚禮扶微。

師曠六篇。見春秋，其言淺薄，本與此同，似因託之。

亡。兵陰陽家師曠八篇，蓋非同書。師曠曰：「南方有鳥，名曰羌鷲，黄頭赤目，五色皆備。」說文鳥部引。或在此書。師曠事詳周書、太子晋解。左傳、襄十四年，昭八年。國語、晋語八。韓非、十過篇。呂覽、長見篇。說苑建本篇。諸書。

務成子十一篇。稱堯問，非古語。

亡。堯學於務成子附。韓詩外傳五。尸子曰：「務成昭之教舜曰，避天下之逆，從天下之順，天下不足取也；避天下之逆，從天下之順，天下不足失也。」荀子大略篇楊倞注引。務成子附與務成昭，蓋即一人。自經劉略班志衡定，而荀卿、韓嬰所稱之務成子，儒者莫復掛齒矣。使如尸子所稱，而以爲詞旨淺顯，非古語，必文章爾雅，通一經之士不能曉。史記樂書。而後爲古耶？則漢武新莽優爲之，此吾所以愈不能釋然於班氏之言也。

宋子十八篇。孫卿道宋子，其言黄老意。

亡。宋子者宋鈃，荀子非十二子篇，莊子天下篇。宋人也。孟子趙注，荀子楊注。鈃、牼、榮古字通，故亦曰宋牼，孟子告子篇。亦曰宋榮子。莊子逍遥遊，韓非子顯學篇。與尹文同道，爲華山之冠以自表，接萬物以別宥爲始，以聏合驩，以調海内，故見侮不辱，救民之鬭，禁攻寢兵，救世之戰。以此周行天下，上説下教，雖天下不取，强聒而不舍也。天下篇。此正小説家之模範也。荀子亦嘗引其説，正論篇稱「子宋子曰」。而以與墨翟同譏，曰：「不知壹天下，建國家之權稱。」非十二子篇。馬國翰有輯本。

天乙三篇。天乙謂湯，其言非殷時，皆依託也。

亡。湯曰：「學聖王之道者，譬其如日。静思而獨居，譬其若火。」賈子修政語上。又曰：「予有言，人視水見形，視民知治不。」史記殷本紀。此賈誼、司馬遷之所述也，使亦在此天乙書中者，班氏之注，爲不辭矣。

黄帝説四十篇。迂誕依託。

亡。

封禪方説十八篇。武帝時。

亡。

待詔臣饒心術二十五篇。武帝時。○師古曰：「劉向别録云饒齊人也，不知其姓，武帝時待詔，作書名曰心術也。」

亡。

待詔臣安成未央術一篇。○應劭曰：「道家也，好養生事，爲未央之術。」

亡。老子曰：「荒兮其未央哉。」又曰：「緜緜若存，用之不勤。」未央者，未已也，未盡也。勤亦盡也。淮南子原道訓高注。

臣壽周紀七篇。項國圉人，宣帝時。

亡。項國未詳。

虞初周說九百四十三篇。河南人，武帝時以方士侍郎號黃車使者。○應劭曰：「其說以周書爲本。」師古曰：「史記云虞初洛陽人，即張衡西京賦『小說九百，本自虞初』者也。」

亡。雒陽虞初見郊祀志。本志篇帙，莫此爲衆。莊子曰：「飾小說以干縣令。」外物篇。而此固非以干縣令者，亦如後世小說，爲娛樂之具已。

百家百三十九卷。

亡。甘茂事下蔡史舉先生，學百家之說。史記本傳。范睢曰：「五帝三代之事，百家之說，吾亦知之。」史記本傳。司馬遷曰：「百家言黃帝。」五帝本紀。服虔曰：「長短縱橫術，蘇秦法百家書說也。」漢書主父偃傳注。仲長統曰：「百家雜說，請用從火。」後漢書本傳。蓋言百家者各有所指。故莊子曰：「飾小說以干縣令。」外物篇。荀子曰：「小家珍說。」正名篇。鄭玄曰：「小道如今諸子書也。」後漢書蔡邕傳注。是九流百家皆可名曰小說矣。然班志此小說之百家白別有所指。應劭曰：「案百家書，宋城門失火，取汲池中以沃之，魚悉露見，但就取之。」御覽八百六十八引風俗通。斯亦至淺露已，故宜別爲小說書歟。

右小說十五家，千三百八十篇。

今計十五家，一千三百九十篇，多十篇。

小說家者流，蓋出於稗官。◯如淳曰：「稗音鍛家排。九章『細米爲稗』。街談巷說，其細碎之言也。王者欲知閭巷風俗，故立稗官，使稱說之。今世亦謂偶語爲稗。」師古曰：「稗音稊稗之稗，不與鍛排同也。稗官，小官。漢名臣奏唐林請省置吏，公卿大夫至都官稗官各減什三，是也。」街談巷語，道聽塗說者之所造也。

稗者，小也。小官之稱稗官，猶小販之稱稗販也。據顏注則漢猶置是官，亦有所出也。

孔子曰：「雖小道，必有可觀者焉！致遠恐泥，是以君子弗爲也。」◯師古曰：「論語載孔子之言。泥，滯也，音乃細反。」

今論語作子夏曰，不作孔子曰。子夏亦述孔子語，如有子曰：「君子務本，本立而道生。」

說苑作孔子曰，建本篇。即其例也。

然亦弗滅也。閭里小知者之所及，亦使綴而不忘。如或一言可采，此亦芻蕘狂夫之議也。

然則稗官者，閭胥里師之類也。周語曰：「庶人走，嗇夫馳。」

凡諸子百八十九家，四千三百二十四篇。出蹷鞻一家，二十五篇。

都計儒五十二家，八百三十六篇；道三十七家，九百九十三篇；陰陽二十一家，三百六十九篇；法十家，二百一十七篇；名七家，三十六篇；墨六家，八十六篇；縱横十二家，百七篇；雜二十家，四百三篇；農九家，百一十四篇；小說十五家，千三百八十篇；合得百八十九家，四千五百四十一篇，多二百十七篇。

諸子十家，其可觀者九家而已。皆起於王道既微，諸侯力政，時君世主，好惡殊方，○師古曰：「好音呼到反。惡音一故反。」是以九家之術，蠭出並作，○師古曰：「蠭與鋒同。」各引一端，崇其所善，以此馳說，取合諸侯。其言雖殊，辟猶水火，相滅亦相生也。○師古曰：「辟讀曰譬。」仁之與義，敬之與和，相反而皆相成也。

六藝經傳古文，或出孔壁，或出民間。今文有師弟授受，亦有詳有不詳。諸子十家，咸出王官。曲禮曰：「在官言官。」鄭玄曰：「官，謂版圖文書之處。」曲禮注。古者書藏官府，是以諸子出於百官之史也。史掌文書。黃帝、天乙、伊尹、太公書雖作於盛時，而藏諸故府。亦至晚周，官失其守，而流布民間，故并列於諸子爾。自向、歆校書，而文籍益便迻寫，故揚子法言肇有書肆之名，吾子篇。王充遂得觀書洛陽市肆矣。十家去小說，故曰九家，九家亦曰九流，向歆所定，故張衡曰「劉向父子領校秘書，閱定九流」也。後漢書本傳。水火相滅，還復相生，其理至微，其事至恒，推驗群物，莫不皆然，天有陰陽，地有山川，鳥獸草木有雌雄牝牡，人事有仁義敬和。

易曰：「天下同歸而殊塗，一致而百慮。」○師古曰：「下繫之辭。」今異家者各推所長，窮知究慮，以明其指，雖有蔽短，合其要歸，亦六經之支與流裔。○師古曰：「裔，衣末也。其於六經，如水之下流，衣之末裔。」使其人遭明王聖主，得其所折中，皆股肱之材已。○師古曰：「已，語終之辭。」

老子曰：「三十輻，共一轂，當其無，有車之用。」申子曰：「明君使其臣並進輻湊，莫得專君。」群書治要卷三十六引。故思議所極，必極於刑名玄言。班志之言，亦幾玄言矣。且詩書禮樂易春秋策皆用二尺四寸，孝經謙半之。論語八寸策，又謙焉。據鄭玄論語序及孝經鉤命決，推定之。諸子尺書，論衡書解篇。亦八寸策也。八寸云尺，約言之。故論語，儒也，而多有道墨名法之微恉，則諸子焉不可爲六經之支與流裔哉。劉勰曰：「述道言治，枝條五經。」文心雕龍諸子篇。故先梁猶多達識，晦盲否塞，自宋儒始。

仲尼有言：「禮失而求諸野。」○師古曰：「言都邑失禮，則於野外求之，亦將有獲。」方今去聖久遠，道術缺廢，無所更索，○師古曰：「索，求也。」彼九家者，不猶瘉於野乎？○師古曰：「瘉與愈同。愈，勝也。」若能修六藝之術，而觀此九家之言，舍短取長，則可以通萬方之略矣。○師古曰：「舍，廢也。」

摶國不在敦古，因革惟務便民，禮失求野，數典則可，謂六藝九流，可通萬方之略，吾見其欲然也。惟一二特質，終有不可磨滅之精神，發揮光大，又必與時消息而後可，其詳則非今兹所及。

四　詩賦略

屈原賦二十五篇。楚懷王大夫，有列傳。

存。今楚辭離騷一篇，九歌十一篇，天問一篇，九章九篇，遠游、卜居、漁父三篇，凡二十五篇。其懷沙一賦，爲原沉江之預賦，不歌而誦謂之賦。然九歌有歌之名，蓋可歌也。宋書樂志有楚辭鈔山鬼一篇，爲樂章可歌。國殤一篇，酷似軍歌。卒之三户亡秦，原目瞑矣。且原爲辭賦之祖，於此亦可見其不朽之精神哉。王逸言：「劉向典校經書，分楚辭爲十六卷。」楚辭章句序。而舊本楚辭亦題「護左都水使者光禄大夫臣劉向集」，集部之名，蓋始此。惟班志無楚辭，豈以原本七略而從略耶？楚辭自有楚音，漢宣帝徵能爲楚詞，九江被公召見誦讀，王褒傳。隋世釋道騫猶能爲之，隋志。蓋與古文讀應爾雅，適爲南北相對者。

唐勒賦四篇。楚人。

亡。宋玉賦曰：「景差、唐勒等並造大言賦。」御覽六百六十三引。蓋非今存大言賦。班志無楚辭，亦無景差。

宋玉賦十六篇。楚人，與唐勒並時，在屈原後也。

存。楚辭九辯十一篇，招魂一篇，文選風賦、高唐賦、神女賦、登徒子好色賦四篇，凡十六篇。古文苑等載諷賦、笛賦、釣賦、大言賦、小言賦五篇，非玉作。張惠言曰：「皆五代、宋人聚斂假託爲之。」嚴可均亦曰：「笛賦有宋意送荆卿之語。非宋玉作。」

趙幽王賦一篇。

疑。本傳歌一篇，或即此。

莊夫子賦二十四篇。名忌，吴人。

殘。楚辭哀時命一篇，王逸曰：「嚴夫子所作也。」避明帝諱，故曰嚴。班志蓋本七略舊文。

賈誼賦七篇。

殘。楚辭惜誓一篇，王逸曰：「不知誰作，或曰賈誼。」史記本傳弔屈原賦一篇，鵩鳥賦一篇，漢書本傳同。古文苑旱雲賦一篇，凡四篇。又有虡賦，殘。嚴輯上古三代文。

枚乘賦九篇。

殘。文選枚乘七發一篇，西京雜記柳賦一篇，古文苑載其梁王菟園賦一篇。藝文類聚六十五同。又有臨霸池遠訣賦，文選王粲七哀詩注引。亡。

司馬相如賦二十九篇。

殘。史漢本傳，子虛賦、文選分「亡是公」是下爲上林賦。哀秦二世賦、大人賦三篇，文選長門賦一篇，古文苑美人賦一篇，藝文類聚人部，學記人部同。張惠言曰：「恐六朝人所擬。」凡五篇。又有梨賦、文選魏都賦注引。魚葅賦北堂書鈔百六十四引。並殘。梓桐山賦，玉篇石部。亡。

淮南王賦八十二篇。

殘。藝文類聚屏風賦一篇。全上古三代文。別録曰：「淮南王有熏籠賦。」御覽七百十二。亡。

淮南王群臣賦四十四篇。

殘。楚辭招隱士一篇，淮南小山之所作也。淮南賓客，分造辭賦，以類相從，或稱大山，或稱小山，猶詩有大雅、小雅也。

太常蓼侯孔臧賦二十篇。

亡。孔臧集詳見儒家。僞孔叢子曰：「臧嘗爲賦二十四篇，四篇別不在集。」末附連叢，載其諫格虎賦、楊柳賦、鴞賦、蓼蟲賦四篇，未審何出。

陽丘侯劉隁賦十九篇。○師古曰：「隁音偃。」

亡。王子侯表作「揚丘」。

吾丘壽王賦十五篇。

亡。

蔡甲賦一篇。

亡。

上所自造賦二篇。○師古曰：「武帝也。」

存。外戚傳傷悼李夫人賦一篇，文選秋風辭一篇。

兒寬賦二篇。

亡。

光禄大夫張子僑賦三篇。與王褒同時也。

亡。

陽成侯劉德賦九篇。

亡。即劉向之父，表、傳俱作「陽城」。

劉向賦三十三篇。

殘。楚辭九歎九篇，古文苑請雨華山賦一篇，本書高祖頌一篇，高帝紀贊。凡十一篇。又有雅琴賦、疑即樂家所出琴頌。圍棋賦，並殘。麒麟角杖賦、芳松枕賦等，並亡。全上古三代文。

王褒賦十六篇。

殘。楚辭九懷九篇，本傳聖主得賢臣頌一篇，文選洞簫賦一篇，凡十一篇。又有甘泉宮頌、碧雞頌，詳全上古三代文。並殘。

右賦二十家，三百六十一篇。

今計家數篇數悉符。此屈原賦之屬，蓋主抒情者也。

以上屈賦之屬

陸賦三篇。

亡。文心雕龍曰：「漢室陸賈，首發奇采，賦孟春而選典誥，其辨之富矣。」才略篇。

枚皋賦百二十篇。

亡。本傳曰：「凡可讀者，百二十篇。」

朱建賦二篇。

亡。

常侍郎莊怱奇賦十一篇。枚皋同時。◯師古曰：「七略云：『怱奇者，或言莊夫子子，或言族家子莊助昆弟也。從行至茂陵，詔造賦。』」

亡。嚴助傳作嚴葱奇，此本七略。

嚴助賦三十五篇。◯師古曰：「上言莊怱奇，下言嚴助，史駮文。」

亡。顔注是也。由此可知班氏有本七略舊文，有不本七略舊文者。

朱買臣賦三篇。

亡。

宗正劉辟彊賦八篇。

亡。辟彊，楚元王孫。

司馬遷賦八篇。

殘。藝文類聚載其悲士不遇賦一篇。

郎中臣嬰齊賦十篇。

亡。道家有郎中嬰齊，即此。

臣説賦九篇。〇師古曰：「説，名，音悦。」

亡。

臣吾賦十八篇。

亡。

遼東太守蘇季賦一篇。

亡。

蕭望之賦四篇。

亡。

河內太守徐明賦三篇。字長君，東海人，元、成世歷五郡太守，有能名。

亡。徐明見王尊傳。

給事黃門侍郎李息賦九篇。

亡。非衛霍傳之李息。

淮陽憲王賦二篇。

亡。

揚雄賦十二篇。

存。後注云「入揚雄八篇」，蓋七略據雄傳，言作四賦，止收甘泉賦、河東賦、校獵賦、長楊賦四篇，班氏更益八篇，故十二篇也。其八篇，則本傳反離騷、廣騷、畔牢愁三篇，古文苑蜀都賦、太玄賦、逐貧賦三篇，又有覈靈賦、文選，御覽。都酒賦即酒箴，亦作酒賦，詳全上古三代文。二篇，凡八篇。然若益以解嘲、解難、趙充國頌、劇秦美新諸篇，則溢出十二篇之數矣，豈此諸篇不在内耶？

待詔馮商賦九篇。

亡。別録曰：「待詔馮商作鐙賦。」藝文類聚八十一引。

博士弟子杜參賦二篇。◯師古曰：「劉向別録云『臣向謹與長社尉杜參校中秘書』。劉歆又云『參，杜陵人，以陽朔元年病死，死時年二十餘』。」

亡。晏子春秋敘録云「臣向謹與長社尉臣參校讎」云云，即此杜參。亦見北史文苑之樊遜傳。

車郎張豐賦三篇。張子僑子。

亡。

驃騎將軍朱宇賦三篇。◯師古曰：「劉向別録云『驃騎將軍史朱宇』，志以宇在驃騎府，故總言驃騎將軍。」

亡。顔注非也，據別録，則將軍下脱一「史」字。

右賦二十一家，二百七十四篇。入揚雄八篇。

今計二十一家，二百七十五篇，多一篇。此陸賈賦之屬，蓋主説辭者也。大概此類賦，尤與縱横之術爲近。今賈賦亡，惟揚雄賦存者尚多。揚雄曰：「靡麗之賦，勸百而諷一，猶騁鄭衛之聲，曲終而奏雅。」本書司馬相如傳贊。其亦隱指此乎。

以上陸賦之屬

孫卿賦十篇。

存。十篇蓋十一篇之誤。荀子有賦篇、成相篇，成相亦賦之流也。見後。賦篇有禮、知、雲、蠶、箴五賦，又有佹詩一篇，凡六篇。成相篇自「論成相，世之殃」至「不由者亂何疑爲」，是第一篇；自「凡成相，辨法方，」至「宗其賢良，辨孽殃」，是第二篇；自「請成相，道聖王」至「道古聖賢，基必張」，是第三篇；自「願陳辭」「願陳辭」上脱「請成相」三字。至「託于成相以喻意」，是第四篇；自「請成相，言治方」至「後世法之成律貫」，是第五篇。合賦篇之六篇，實十有一篇。本王先謙荀子集解。

秦時雜賦九篇。

亡。文心雕龍曰：「秦世不文，頗有雜賦。」詮賦篇。本此。

李思孝景皇帝頌十五篇。

亡。

廣川惠王越賦五篇。

亡。

長沙王群臣賦三篇。

亡。

魏内史賦二篇。

亡。

東暆令延年賦七篇。◯師古曰：「東暆，縣名。暆音移。」

亡。地理志東暆縣屬樂浪，今朝鮮地。

衛士令李忠賦二篇。

亡。

張偃賦二篇。

亡。

賈充賦四篇。

亡。

張仁賦六篇。

亡。

秦充賦二篇。

亡。

李步昌賦二篇。

亡。儒家有鈎盾冗從李步昌。

侍郎謝多賦十篇。

亡。

平陽公主舍人周長孺賦二篇。

亡。

雒陽錡華賦九篇。◯師古曰：「錡，姓；華，名。錡音魚錡反。」

亡。

眭弘賦一篇。◯師古曰：「即眭孟也。眭音先隨反。」

亡。

別栩陽賦五篇。○服虔曰：「栩音詡。」

亡。庾信哀江南賦曰：「栩陽亭有離別之賦。」

臣昌市賦六篇。

亡。

臣義賦二篇。

亡。

黄門書者假史王商賦十三篇。

亡。

侍中徐博賦四篇。

亡。

黄門書者王廣呂嘉賦五篇。

亡。

漢中都尉丞華龍賦二篇。

亡。

左馮翊史路恭賦八篇。

亡。

右賦二十五家，百三十六篇。

今計家數篇數悉符。此荀卿賦之屬，蓋主效物者也。夫楚豔漢侈，賦道於斯爲盛，劉略、班志區分類別，聞樂知德，情殷而摯，漢氏之盛，豈偶然哉？隋志以下，不復類別，固不獨歌詩失紀也，歌詩失紀亦其一耳。

以上荀賦之屬

客主賦十八篇。

亡。揚雄長楊賦有子墨、客卿、翰林、主人，蓋兼該此體。

雜行出及頌德賦二十四篇。

亡。

雜四夷及兵賦二十篇。

亡。

雜中賢失意賦十二篇。

亡。王先謙曰：「中、忠字同。」蓋亦賢人失意賦之類也。

雜思慕悲哀死賦十六篇。

亡。

雜鼓琴劍戲賦十三篇。

亡。

雜山陵水泡雲氣雨旱賦十六篇。◯師古曰：「泡，水上浮漚也。泡音普交反。漚音一侯反。」

亡。古文苑有董仲舒山川頌、公孫乘月賦。

雜禽獸六畜昆蟲賦十八篇。

亡。西京雜記有公孫詭文鹿賦，古文苑有路喬如鶴賦。

雜器械草木賦三十三篇。

亡。西京雜記有中山王文木賦，鄒陽酒賦、几賦，羊勝屏風賦。

大雜賦三十四篇。

亡。

成相離辭十一篇。

亡。藝文類聚引成相篇曰：「莊子貴支離，悲木槿。」注云：「成相出淮南子。」卷八十九。然則此成相雜辭十一篇者，淮南王之所作也，蓋從其本書別出。

隱書十八篇。

亡。「隱」字亦作「讔」。◯師古曰：「劉向別録云『隱書者，疑其言以相問，對者以慮思之，可以無不論』。」文心雕龍曰：「讔者，隱也。遯辭以隱意，譎譬以指事也。至東方曼倩尤巧辭述。」諧讔篇。王應麟曰：「晉語有秦客廋辭於朝。新序齊宣王發隱書而讀之。」

右雜賦十二家，二百三十三篇。

今計家數篇數悉符。此雜賦盡亡不可徵，蓋多雜詼諧，如莊子寓言者歟。

以上雜賦

高祖歌詩二篇。

存。大風歌見本紀，亦曰三侯之章。見禮樂志。鴻鵠歌見留侯世家。本書張良傳，新序善謀篇均同。

泰一雜甘泉壽宮歌詩十四篇。

存。泰一、甘泉、壽宮並見郊祀志。

宗廟歌詩五篇。

存。王先謙曰：「合上十四篇爲十九章，見禮樂志。」惟其如何分之，則不可考矣。或曰帝臨、青陽、朱明、西顥、玄冥五篇，當即宗廟歌詩。

漢興以來兵所誅滅歌詩十四篇。

疑。後漢明帝分樂爲四品：一、大予樂，二、雅頌樂，三、黄門倡樂，四、短簫鐃歌樂，隋書音樂志。雖與三百篇乖異，而郊祀同用前漢歌詞。樂府詩集。以此推之，則短簫鐃歌十八曲，見於晋宋書者，樂志，又樂府詩集。當亦仍西京遺詞也。故王先謙曰：「漢興以來兵所誅滅歌詩疑即漢鼓吹鐃歌諸曲也。晋、宋多以舊題被新聲，蓋擬古樂府之祖，其中戰城南、遠如期等曲，當是原歌詩。」

出行巡狩及游歌詩十篇。

疑。凡言及字，當猶某篇至某篇之意。王先謙曰：「蓋武帝瓠子、盛唐、樅陽等歌，漢鐃歌上之回曲，當亦在内。」

臨江王及愁思節士歌詩四篇。

亡。陸厥、李白俱有擬臨江王節士歌，與此文不合。

李夫人及幸貴人歌詩三篇。

疑。外戚傳有是邪非邪詩。拾遺記之落葉哀蟬曲，不類武帝手筆，蓋僞作。文心雕龍曰：「孝武之歎來遲，歌童被聲。」樂府篇。陸厥有擬李夫人及貴人歌。

詔賜中山靖王子噲及孺子妾冰未央材人歌詩四篇。◯師古曰：「孺子，王妾之有品號者也。妾，王之衆妾也。冰，其名。材人，天子内官。」

亡。陸厥有擬中山孺子妾歌，庾肩吾有擬未央材人歌。

吳楚汝南歌詩十五篇。

疑。吳、楚、汝南者，故春秋之吳、楚、蔡三國也。招魂曰：「宫庭震驚，發激楚些。吳歈蔡謳，奏大吕些。」明三國聲歌不同也。史漢紀項王軍困垓下，夜聞漢軍四面皆楚歌，注皆引應劭曰：「楚歌者謂鷄鳴歌也。」後書百官志注亦引應説，并引晋太康地記曰：「後漢固始、銅陽、公安、細陽四縣衛士習此曲，於闕下歌之，今鷄鳴是也。」郭茂倩樂府詩集亦引之。然後漢多襲用前漢歌詞，則此仍不得爲鷄鳴歌出後漢之證也。蓋楚、漢之際，汝南屬楚，且據項王夜聞，與尋常言楚歌不同，故得推爲即鷄鳴歌。歌詞曰「曲終漏盡嚴具陳者」，明夜將起也。後書祭祀志曰：「隨鼓漏，理被枕，具盥水，陳嚴具。嚴具者，筐篋之類也。」沈約曰：「凡樂章古辭，今之存者，並漢世街陌謠謳，江南可采蓮、烏生十五子、白頭吟之屬也。」宋書樂志。是亦吳楚歌詩之可徵者歟。

燕代謳雁門雲中隴西歌詩九篇。

亡。宋志有雁門太守行，歌洛陽令王渙。蓋本舊曲，後漢取其音節，以祠王渙爾。

邯鄲河間歌詩四篇。

疑。樂府相和歌辭有陌上桑，崔豹古今注曰：「邯鄲女名羅敷作。」疑即此邯鄲歌詩之一，又蔡邕琴操有河間雜歌二十一章，今並亡也。

齊鄭歌詩四篇。

亡。

淮南歌詩四篇。

亡。

左馮翊秦歌詩三篇。

亡。陸厥有擬左馮翊歌。

京兆尹秦歌詩五篇。

亡。陸厥有擬京兆歌。

河東蒲反歌詩一篇。

亡。蒲反即蒲坂也。

黄門倡車忠等歌詩十五篇。

疑。等者，撰作不止一人也。樂府集雜歌謡辭有黄門倡歌一首、散樂有俳歌辭一首，蓋皆其殘篇。

雜各有主名歌詩十篇。

亡。

雜歌詩九篇。

亡。吴兢曰：「樂府雜題自相逢狹路間已下，皆不知所起。自君子有所思以下，又無本辭。」樂府古題要解。沈欽韓曰「樂府有雜曲歌辭」，然似皆與此不相涉。

雒陽歌詩四篇。

亡。

河南周歌詩七篇。

亡。

河南周歌聲曲折七篇。

亡。

周謠歌詩七十五篇。

亡。

周謠歌詩聲曲折七十五篇。

亡。沈約曰：「詩章詞異，興廢隨時，至其韻逗曲折，皆繫於舊，是以一皆因就，不敢有所改易。今既散亡，又無識者，歌聲譜式，樂人以聲音相傳詁，不可復解。」宋書樂志。王先謙曰：「此上詩聲篇數並同，聲曲折即歌聲之譜，唐曰『樂句』，今曰『板眼』。」

諸神歌詩三篇。

亡。

送迎靈頌歌詩三篇。

亡。

周歌詩二篇。

亡。

南郡歌詩五篇。

亡。陸厥有擬南郡歌。

右歌詩二十八家，三百一十四篇。

今計二十八家，三百一十六篇，多二篇。

以上歌詩

凡詩賦百六家，千三百一十八篇。入揚雄八篇。

都計屈賦二十家，三百六十一篇；陸賦二十一家，二百七十四篇；荀賦二十五家，百三十六篇；雜賦十二家，二百三十三篇；歌詩二十八家，三百一十四篇：適合百六家千三百一十八篇之數。兩都賦序曰：「孝成之世，論而録之，蓋奏御者千有餘篇。」即本此。

傳曰：「不歌而誦謂之賦，登高能賦可以爲大夫。」言感物造耑，材知深美，◯可與圖事，故可以爲列大夫也。

師古曰：「耑，古端字也。因物動志，則造辭義之端緒。」

誦，諷也，今曰背誦。賦，敷也，能敷陳事物也。毛詩傳曰：「建邦能命龜，田能施命，作器能銘，使能造命，升高能賦，師旅能誓，山川能説，喪紀能誄，祭祀能語，君子能此九者，可謂有德音，可以爲大夫也。」衛風定之方中傳。

古者諸侯卿大夫交接鄰國，以微言相感，當揖讓之時，必稱詩以諭其志，蓋以別賢不肖而觀盛衰焉。故孔子曰「不學詩，無以言」也。○師古曰：「論語載孔子戒伯魚之辭也。」

微言者，已於「仲尼没而微言絶」句釋之，惟微言之類不一。淳于髡見騶忌，淳于髡曰：「得全全昌，失全全亡。」騶忌曰：「謹受令，請謹毋離前。」淳于髡曰：「豨膏棘軸，所以爲滑也，然而不能運方穿。」騶忌曰：「謹受令，請謹事左右。」淳于髡曰：「弓膠昔幹，所以爲合也，然而不能傅合疏罅。」騶忌曰：「謹受令，請謹自附於萬民。」淳于髡曰：「狐裘雖弊，不可補以黄狗之皮。」騶忌曰：「謹受令，請謹擇君子，無雜小人其間。」淳于髡曰：「大車不較，不能載其常任。琴瑟不較，不能成其五音。」騶忌曰：「謹受令，請謹修法律而督姦吏。」淳于髡説畢，趨出，至門而面其僕曰：「是人者，吾語之微言五，其應我若響之應聲。」史記田完世家。由此觀之，則微言者，隱語之類也。故學記曰：「不學博依，不能安詩。」依或作衣，衣者，隱也。白虎通。司馬遷曰：「詩書隱約者，欲遂其志也。」史記自序。蓋雖春秋公卿賦詩斷章，孔子雅言，詩書禮樂，要無非欲隱約以見其志也。此説別詳余爾雅釋例序。

春秋之後，周道寖壞。○師古曰：「寖，漸也。」聘問歌詠不行於列國，學詩之士逸在布衣，而賢人失志之賦作矣。大儒孫卿及楚臣屈原離讒憂國，皆作賦以風，○師古曰：「離，遭也。風讀曰諷。次下亦同。」咸有惻隱古詩之義。

王念孫曰：「『作賦以風』下，原有『諭』字，下文『風諭』二字，承此言之。」是也。文選三都賦序注，藝文類聚雜文部二，御覽文部三，引作「作賦以風諭」。春秋、戰國紛争不暇，無餘日力爲此滑稽優戲而謎語之微言，故列國莫之行也。然賢人大儒逸在布衣，以不用而多暇，失志賦詩，本其天以鳴不平，故不失惻隱古詩之義。然則後世詩窮而工，亦此類耶。

其後宋玉、唐勒，漢興枚乘、司馬相如，下及揚子雲，競爲侈麗閎衍之詞，没其風諭之義。是以揚子悔之，曰：「詩人之賦麗以則，辭人之賦麗以淫。○師古曰：「辭人，言後代之爲文辭。」如孔氏之門人用賦也，則賈誼登堂，相如入室矣。如其不用何！」○師古曰：「言孔氏之門既不用賦，不可如何。謂賈誼、相如無所施也。」

宋玉、唐勒、子雲、相如皆有爲而爲，或以炫己，或以悦人，故没其風諭之本義也。王念孫曰：「孔氏之門下衍人字。」是也。法言：「或問景差、唐勒、宋玉、枚乘之賦也，益乎？曰：淫，必也則。淫則奈何？曰：詩人之賦麗以則，辭人之賦麗以淫。如孔氏之門用賦也，則賈誼升堂，相如入室矣，如其不用何？」吾子篇曰「淫必也則」句，據汪榮寶疏臆改。

自孝武立樂府而采歌謡，於是有代趙之謳，秦楚之風，皆感於哀樂，緣事而發，亦可以觀風俗，知薄厚云。序詩賦爲五種。

詩有風、雅、頌，向歆敘録詩賦，得歌詩三百十四篇，蓋亦有意乎是。其次吴楚汝南、燕代雁門雲中隴西、邯鄲河間、齊鄭、淮南、馮翊、京兆、河東蒲反、雒陽、河南、南郡諸歌詩，殆以當詩之風；次漢興以來兵所誅滅歌詩、出行巡狩及游歌詩、臨江王及愁思節士歌詩殆以當詩之雅；次宗廟歌詩及送迎靈頌歌詩殆以當詩之頌。自當時儒生議者，不明古今條貫，輒誣以爲鄭聲，妄矣。禮樂志曰：「哀帝性不好音，及即位，詔罷你府官。郊祭樂及古兵法武樂在經，非鄭衛之樂者，條奏别屬他官。」然則漢祚至是，亦將中斬矣。劉歆奏七略。在帝罷樂府事前，班志本七略，故不及罷樂府事。五種者，屈賦、陸賦、荀賦、雜賦、歌詩是也。

五　兵書略

吴孫子兵法八十二篇。圖九卷。◯師古曰：「孫武也，臣於闔廬。」

殘。史記曰：「孫子武者，齊人也。以兵法見於吴王闔廬，闔廬曰：『子之十三篇，吾盡觀之矣。』」張守節曰：「七録云孫子兵法三卷，案十三篇爲上卷，又有中下三卷。」並見本傳及注。蓋十三篇以吴王言而得名，故世多傳之。杜牧謂：「武書數十萬言，魏武削其繁，謄筆其精切，凡十三篇。成爲一編。」孫子序。其説非也。隋志孫子兵法二卷、吴孫子牝牡八變陣圖二卷、孫子兵法雜占四卷，新唐志吴孫子三十二壘經一卷，蓋十三篇之外，其書唐、宋猶未盡亡，故通典、百二十、百五十二、百五十九。文選注、曲水詩序。太平御覽三百二十八及三百五十七。咸見稱引。然今日本人用兵久，以十三篇爲至精，亦足珍矣。

齊孫子八十九篇。圖四卷。○師古曰：「孫臏。」

亡。道家孫子十六篇，蓋非同書。吕覽曰：「孫臏貴勢。」慎勢篇。司馬遷曰：「孫子臏脚，兵法修列。」漢書本傳。

公孫鞅二十七篇。

亡。法家商君二十九篇，蓋非同書。荀子曰：「秦之衛鞅，世之所謂善用兵者也。」議兵篇。

吴起四十八篇。有列傳。

疑。雜家吴子一篇，蓋非同書。韓非子曰：「藏孫吴之書者家有之。」五蠹篇。司馬遷曰：「吴起兵法，世多有，故弗論。」王應麟曰：「隋志吴起兵法一卷。今本三卷六篇，圖國至勵士所闕亡多矣。」王説未諦。今本六篇，成一首尾，辭意淺薄，必非原書。

范蠡二篇。越王句踐臣也。

亡。唐人注書引范蠡兵法，後漢書甘延壽傳注，左傳桓五年疏，文選潘安仁賦注。則唐世猶未亡也。非意林范子。

大夫種二篇。與范蠡俱事句踐。

亡。范蠡、大夫種二人兵家言，今當猶散見越語、史記、越絶書、吴越春秋。

李子十篇。

亡。汲古閣本李作季，李、季形近易訛。儒家李克七篇，法家李子三十二篇，蓋俱非同書。

娷一篇。◯師古曰：「娷音女瑞反，蓋説兵法者，人名也。」

亡。

兵春秋一篇。

亡。

龐煖三篇。◯師古曰：「煖音許遠反，又音許元反。」

疑。朱一新曰：「明汪文盛刊本三作二。」漢書管見。縱横家龐煖二篇，蓋非同書。沈欽韓曰：「鶡冠子兵政篇龐子問鶡冠子曰：『用兵之法，天之地之人之，賞以勸戰，罰以必衆，五者已圖，然九夷用之而勝不必者，其故何也？』」又有悼襄王、武靈王問。武靈王問，作龐煥，注云：「煖兒。」疑即煖書，亦見燕世家。」

兒良一篇。○師古曰：「六國時人也。兒音五奚反。」

亡。呂子曰：「兒良貴後。」慎勢篇。賈誼亦稱之，豈與老子言兵相似耶？

廣武君一篇。李左車。

亡。沈欽韓曰：「疑即淮陰侯傳中事。」

韓信三篇。○師古曰：「淮陰侯。」

亡。

右兵權謀十三家，二百五十九篇。省伊尹、太公、管子、孫卿子、鶡冠子、蘇子、蒯通、陸賈、淮南王二百五十九種，出司馬法入禮也。

今計十三家，二百七十二篇，多十七篇。劉奉世曰：「種當作重，九下又脱一篇字。」是也。陶憲曾曰：「省伊尹、太公、管子、孫卿子、鶡冠子、蘇子、蒯通、陸賈、淮南王，二百五十九篇重者，蓋七略中伊尹以下九篇，其全書收入儒、道、從横、雜各家，又擇其中之言兵權謀者，重入於此，共得二百五十九篇。」如本志太公謀八十一篇，兵八十五篇，今本管子兵法、參患，荀子議兵、淮南兵略等篇之類，皆當在此二百五十九篇中。班氏存其專家各書，而於此則省之，故合所省亦止二百五十九篇也。司馬法，七略本入此，班出之入禮家。是入禮，專指司馬法而言也。

權謀者，以正守國，以奇用兵，先計而後戰，兼形勢，包陰陽，用技巧者也。

老子曰：「以正治國，以奇用兵。」孫子曰：「凡戰者，以正合，以奇勝。」兵勢篇。故道家、兵家通也。

以上兵權謀

楚兵法七篇。圖四卷。

亡。孫叔敖稱軍志，楚之兵法尚矣。

蚩尤二篇。見呂刑。

亡。管子曰：「黄帝得蚩尤而明於天道。」五行篇。隋志梁有黄帝蚩尤兵法一卷。

孫軫五篇。圖二卷。

亡。

繇敘二篇。

亡。雜家由余三篇，蓋非同書。由繇、余敘字通，人表又作繇余。

王孫十六篇。圖五卷。

亡。儒家王孫子一篇，蓋非同書。沈欽韓曰：「史記自序：『太公、孫、吴、王子』，此王孫疑王子也。」

尉繚三十一篇。

殘。雜家尉繚子二十九篇，蓋非同書。隋志兵家「梁有尉繚兵書一卷」，今書二卷，天官至兵令，二十四篇，稱梁惠王問是也。其武議篇云：「殺一人而三軍震者，殺之；殺一人而萬人喜者，殺之。」又兵令下篇云：「古之善用兵者，能殺士卒之半，其次殺其十三，其次殺其十一。」蓋究極兵形勢之變化而言之也。清四庫兵家類著録。

魏公子二十一篇。圖十卷。名無忌，有列傳。

亡。七略曰：「魏公子兵法二十一篇，圖七卷。」史記信陵君傳集解引。此作十卷者，誤也。客進兵法，公子名之，故世俗稱魏公子兵法。事見史記本傳。

景子十三篇。

亡。儒家景子三篇，蓋非同書。或曰此景子即景陽也，見楚策及淮南子氾論訓。

李良三篇。

亡。見張耳陳餘傳。

丁子一篇。

亡。沈欽韓曰：「疑即丁固。」

項王一篇。名籍。

亡。

右兵形勢十一家，九十二篇，圖十八卷。

今計十一家，百二篇，圖二十一卷，多十篇，圖三卷。

形勢者，靁動風舉，後發而先至，離合背鄉，變化無常。○師古曰：「背音步在反，鄉讀曰嚮。」以輕疾制敵者也。

孫子曰：「兵聞拙速，未睹巧之久也。」作戰篇。又曰：「後人發，先人至。」軍争篇。又曰：「兵之情，主速，乘人之不及。」九地篇。明兵形勢之重要也。

以上兵形勢

太壹兵法一篇。

亡。

天一兵法三十五篇。

亡。

神農兵法一篇。

亡。

黄帝十六篇。圖三卷。

亡。黄帝兵陰陽家言，蓋今開元占經有引之。

封胡五篇。黄帝臣，依託也。

亡。

風后十三篇。圖二卷。黄帝臣，依託也。

亡。春秋内事曰：「黄帝師於風后，風后善於伏羲之道，故推演陰陽之事。」後書張衡傳注引傳。

今風后握奇經一卷，清四庫兵家類著録。係唐後僞書。

力牧十五篇。黄帝臣，依託也。

亡。道家力牧二十二篇，蓋非同書。抱朴子曰：「黄帝精推步，則訪山稽、力牧。」極言篇。

鵊冶子一篇。圖一卷。○晋灼曰：「鵊音夾。」

亡。抱朴子曰：「黄帝救傷殘，則綴金冶之術。」極言篇。

鬼容區三篇。圖一卷。黄帝臣，依託。○師古曰：「即鬼臾區也。」

亡。容臾聲近通用字。素問有鬼臾區天元大紀論。系本曰：「臾區占星氣。」史記曰：「鬼輿區號大鴻。」封禪書。

地典六篇。

亡。張衡曰：「師天老而友地典。」後書本傳。

孟子一篇。

亡。儒家孟子十一篇，蓋非同書。或説孟、猛古字通，沈欽韓曰：「下五行家有猛子閭昭，疑此是猛子。」

東父三十一篇。

亡。

師曠八篇。晉平公臣。

亡。李賢曰：「雜占之書也。」後書蘇竟傳注。

萇弘十五篇。周史。

亡。淮南子曰：「萇弘，周室之執數者也，天地之氣，日月之行，風雨之變，律曆之數，無所不通。」氾論訓。史記曰：「周人之言方怪者自萇弘。」封禪書。又曰：「昔之傳天數者，周室史佚、萇弘。」天官書。

別成子望軍氣六篇。圖三卷。

亡。王先謙曰：「别成子，蓋别姓。」

辟兵威勝方七十篇。

亡。隋志梁有辟兵法一卷。

右陰陽十六家，二百四十九篇，圖十卷。

今計十六家，二百二十七篇，圖十卷，少二十二篇。錢大昭曰：「陰陽上當有兵字。」

陰陽者，順時而發，推刑德，隨斗擊，因五勝，◯師古曰：「五勝，五行相勝也。」假鬼神而爲助者也。

刑，十二辰。德，十日也。淮南子兵略訓高注。淮南子曰：「北斗之神有雌雄，十一月始建於子，月從一辰，雄左行，雌右行，五月合午謀刑，十一月合子謀德。」天文訓。

以上兵陰陽

鮑子兵法十篇。圖一卷。

亡。

五子胥十篇。圖一卷。

亡。雜家伍子胥八篇，蓋非同書。錢大昕曰：「五，古伍字。」人表伍參亦作五參，陳涉傳銍人五逢，史記作伍徐。文選注、太平御覽均有引子胥水戰法。

公勝子五篇。

亡。

苗子五篇。圖一卷。

亡。

逢門射法二篇。○師古曰：「即逢蒙。」

亡。七略作逢門，史記龜策傳集解引。孟子曰：「逢蒙學射於羿。」離婁篇。呂覽曰：「逢門始習於甘蠅。」聽言篇。蓋古今人同名者。

陰通成射法十一篇。

亡。

李將軍射法三篇。○師古曰：「李廣。」

亡。李廣傳曰：「世世受射。」

魏氏射法六篇。

亡。

彊弩將軍王圍射法五卷。○師古曰：「圍，郁郅人也。見趙充國傳。」

亡。

望遠連弩射法具十五篇。

亡。連弩見李廣傳注。葉德輝曰：「漢郭氏孝堂山畫像，獵者以弓仰地，一弓三矢，以足踏之，蓋古連弩射法之遺。」

護軍射師王賀射書五篇。

亡。

蒲苴子弋法四篇。○師古曰：「苴音子余反。」

亡。淮南子曰：「蒲苴子連鳥於百仞之上。」覽冥訓。

劍道三十八篇。

亡。史記曰：「司馬氏在趙者，以傳劍論顯。」太史公自序。

手搏六篇。

亡。刑法志曰：「戰國稍增講武之禮，以爲戲樂，用相夸視，而秦更名角抵。」蘇林曰：「手搏爲卞，角力爲武戲。」哀帝紀。案甘延壽傳卞作弁。蓋詩譏無拳無勇，手搏亦拳勇之類。王先謙曰：「今謂之貫跤。」日本曰相撲，今其學校社會盛行之。

雜家兵法五十七篇。

亡。隋志雜兵書十卷，文選注、太平御覽均有引之。

蹴鞠二十五篇。◯師古曰：「鞠以韋爲之，實以物，蹵蹋之以爲戲也。蹵鞠，陳力之事，故附於兵法焉。蹵音子六反。鞠音巨六反。」

亡。蘇秦曰：「臨淄民六博蹴鞠。」史記本傳。別録曰：「蹴鞠新書二十五篇。蹴鞠者，傳言黄帝所作，或曰起戰國之時。蹋鞠兵勢也，所以陳武士，知有材也，皆因嬉戲而講練之。」據馬國翰輯本。法言曰：「梡革爲鞠。」吾子篇。王應麟曰：「按蹴鞠書有域説篇，今之打毬也。」

右兵技巧十三家，百九十九篇。省墨子重，入蹵鞠也。

今計十六家，二百七篇。多三家八篇。陶憲曾曰：「省墨子重者，蓋七略墨子七十一篇入墨家，又擇其中言兵技巧者十二篇重收入此，説詳下。而班省之也。蹴鞠本在諸子，班氏出之入此。」陶説是也。伊尹太公管子孫卿子鶡冠子蘇子蒯通陸賈淮南王言省，而墨子獨言省重者，言省、言省重一也，均之省去兩載者也。

技巧者，習手足，便器械，積機關，以立攻守之勝者也。

手足、器械、機關三者，精利熟練，此今日宇内强國之所以稱雄也。唐宋以還，詩書愚誣之學勝，而三者窳苦不堪，念國之弱，亦可知返矣。

以上兵技巧

凡兵書五十三家，七百九十篇，圖四十三卷。省十家二百七十一篇重，入蹵鞠一家二十五篇，出司馬法百五十五篇入禮也。

都計兵權謀十三家二百五十九篇，兵形勢十一家九十二篇，兵陰陽十六家二百四十九篇，兵技巧十三家百九十九篇，合得五十三家七百九十九篇，多九篇。陶憲曾曰：「兵權謀省伊尹以下九家二百五十九篇，兵技巧又省墨子，則爲十家，而云二百七十一篇，則所省墨子當十二篇矣。考墨子備城門篇有臨、鉤、衝、梯、堙、水、穴、突、空洞、蟻傅、轒轀、軒車十二攻具，今本墨子備高臨諸篇是也。今本墨子有備高臨、備梯、備水、備突、備穴、備蟻傅凡六篇，詩大雅皇矣疏引有備衝篇，餘五篇蓋備鉤、備堙、備空洞、備轒轀、備軒車也，今闕。則七略所重班氏所省者，當即此十二篇，以十二篇加二百五十九篇，正合二百七十一篇之數。」

兵家者，蓋出古司馬之職，王官之武備也。洪範八政，八曰師。孔子曰爲國者「足食足兵」，○師古曰：「論語載孔子之言。無兵與食，不可以爲國。」「以不教民戰，是謂棄之」，○師古曰：「亦論語所載，孔子之言，非其不素習武備。」明兵之重也。

春秋左氏傳曰：「天生五材，民並用之，廢一不可，誰能去兵。兵之設久矣！所以威不軌而昭文德也。聖人以興，亂人以廢，廢興存亡昏明之術，皆兵之由也。」襄二十七年宋子罕語。嗚呼！先哲之言，何其明見萬世也。彼不此之鑒，而日維醉心於無抵抗主義，非喪心病狂而何哉？

易曰「古者弦木爲弧，剡木爲矢，弧矢之利，以威天下」，〇師古曰：「下繫之辭也。弧，木弓也。剡謂鋭而利之也，音弋再反。」其用上矣。後世燿金爲刃，割革爲甲，〇師古曰：「燿讀與鑠同，謂銷也。」器械甚備。下及湯武受命，以師克亂而濟百姓，動之以仁義，行之以禮讓，司馬法是其遺事也。

兵制器械之精備日變，而宇内戰争滅國之局亦日益烈。湯武征誅，就孟子所言，則湯一征自葛載，爲葛伯仇餉也。滕文公下篇。此與近代我國殺一德教士，而德遂占據我膠州灣者何異？且武王之伐殷也，革車三百兩，虎賁三千人，盡心下篇。湯未有之，非軍器之進步而何？然則即孟子之言而反詰孟子，爲問湯武果仁義也未？嗚呼！無怪莊生曰「虎狼仁也」已。天運篇。

自春秋至於戰國，出奇設伏，變詐之兵並作。

自春秋至於戰國，軍器之精良，兵隊之編制，一戰之敗，死喪之數，無不一懸殊。第就死喪之數爲喻，春秋晋郤之敗，左宣十三年。死喪最衆，不過二軍二萬三千人，而秦將白起攻趙，前後斬首虜四十五萬人。史記白起傳。此非軍器戰術之進步而何？

漢興，張良、韓信序次兵法，凡百八十二家，删取要用，定著三十五家。諸吕用事而盗取之。

秦既内潰，劉、項起於鋤耰棘矜以亡之，戰術非有過於六國也。張良、韓信僅能運用太公、孫武、穰苴之遺術而已。司馬遷曰：「韓信申軍法。」史記自序。蓋略言之。諸呂盜取，當盜自中秘。

武帝時，軍政楊僕捃摭遺逸，紀奏兵録，◯師古曰：「捃摭，謂拾取之。捃音九問反，摭音之石反。」猶未能備。至于孝成，命任宏論次兵書爲四種。

張良、韓信序次兵法，定著三十五家，任宏論次兵書爲五十三家，其後王莽又徵天下能明兵法六十三家，本書王莽傳。此皆天下遺書續出之證。惜張、韓所次，王莽所徵，俱不可考也。

六　數術略

泰壹雜子星二十八卷。

亡。泰壹，星名，即太一。見天文志。雜子星者，蓋雜記諸星。

五殘雜變星二十一卷。◯師古曰：「五殘，星名也。見天文志。」

亡。

黄帝雜子氣三十三篇。

亡。晉書曰：「黄帝創受河圖，始明休咎，故其星傳尚有存焉。」天文志。然則三易咸出河圖，皆出自天文矣。

常從日月星氣二十一卷。

亡。常從爲老子師，或作常樅，説苑謹慎篇。文子上仁篇。亦或作商容。淮南子繆稱訓。○師古曰：「常從，人姓名也，老子師之。」

皇公雜子星二十二卷。

亡。

淮南雜子星十九卷。

亡。

泰壹雜子雲雨三十四卷。

亡。

國章觀霓雲雨三十四卷。

亡。王先謙曰：「國章，人姓名。」

泰階六符一卷。◯李奇曰：「三台謂之泰階，兩兩成體，三台故六。觀色以知吉凶，故曰符。」

亡。應劭曰：「黄帝泰階六符經也。」東方朔傳，亦見郎顗傳注。

金度玉衡漢五星客流出入八篇。

亡。五星，歲星即木星，熒惑即火星，太白即金星，辰星即水星，填星即土星也。王先謙曰：「律曆志，度，其法用銅，故曰金度。斗杓爲玉衡，詳律曆、天文志。」

漢五星彗客行事占驗八卷。

亡。彗、客，彗星、客星也。凡測候占驗，皆地文學之事。依於土域氣候而異，故有當地而驗，出疆則無效者。古今氣候亦復有變，故占驗書久必失傳也。

漢日旁氣行事占驗三卷。

亡。

漢流星行事占驗八卷。

亡。

漢日旁氣行占驗十三卷。

亡。此與上三卷者，蓋同名而不同書，特奪去一事字以爲别者。

漢日食月暈雜變行事占驗十三卷。

亡。

海中星占驗十二卷。

亡。王應麟曰：「即張衡所謂海人之占也。」沈欽韓曰：「海中混荒，比平地難驗，著海中者，言其術精。算法亦有海島算經。」

海中五星經雜事二十二卷。

亡。

海中五星順逆二十八卷。

亡。王先謙曰：「五星順逆詳律曆志。」

海中二十八宿國分二十八卷。

亡。周官保章氏：「以星土辨九州之地，所封域皆有分星。」鄭司農說星土，以春秋傳曰「參爲晉星，商主大火」，國語曰「歲之所在，則我有周之分野」之屬，是也。鄭玄曰：「大界則曰九州，州中諸國之封域，於星亦有分焉，其書亡矣。堪輿雖有郡國所入度，非古數也。今其存可言者，十二次之分也：星紀，吳、越也；玄枵，齊也；娵訾，衛也；降婁，魯也；大梁，趙也；實沈，晋也；鶉首，秦也；鶉火，周也；鶉尾，楚也；壽星，鄭也；大火，宋也；析木，燕也。」然與他書述分野，又互有異同。說詳孫詒讓周禮正義。

唐開元二十年，詔太史交州測星，以八月自海中南望老人星殊高。唐書天文志。蓋古亦行海中測星，而又於海中測之歟？

海中二十八宿臣分二十八卷。

亡。沈欽韓曰：「張衡云在野象物，在朝象官，在人象事。隋志二十八宿二百八十三官圖一卷，即臣分之義也。」

海中日月彗虹雜占十八卷。

亡。以上海中占驗書不少，蓋漢以前海通之徵。故今之日本，稽其譜牒，有秦、漢遺族頗多歟！

圖書秘記十七篇。

疑。張衡曰：「劉向父子領校秘書，閱定九流，亦無讖録。」後漢書本傳。俞正燮曰：「十七篇蓋采緯文，後漢緯始入秘府。尹敏傳云：帝令校圖讖。蘇竟傳云：秘經文隱事明。是也。」癸巳類稿緯書論。葉德輝曰：「説文易下引秘書説日月爲易，象陰陽也。後書鄭玄傳戒子益恩書云：秘書緯術之奧。」

右天文二十一家，四百四十五卷。

今計二十二家，四百一十九卷，多一家，少二十九卷。

天文者，序二十八宿，步五星日月，以紀吉凶之象，聖王所以參政也。易曰：「觀乎天文，以察時變。」○師古曰：「賁卦之彖辭也。」然星事殉悍，非湛密者弗能由也。○師古曰：「殉讀與凶同。湛讀曰沈。由，用也。」夫觀景以譴形，非明王亦不能服聽也。以不能由之臣，諫不能聽之主，此所以兩有患也。

易曰：「天垂象，見吉凶。」然孔子晚而讀易，性命天道，弟子不可得而聞。鄭子產曰：「天道遠，人道邇，非所及也。」左昭十七年傳。司馬遷曰：「天道命，不傳；傳其人，不待告；告非其人，雖言不著。」史記天官書。蓋自古聖哲難言之。及今天文學地文學均大明，而天變之無與人事益昭然矣。

以上天文

黃帝五家曆三十三卷。

亡。史記曰：「自初生民以來，世主曷嘗不曆日月星辰，及至五家、三代，紹而明之。」司馬貞曰：五家「謂五紀、歲、月、日、星、辰、曆數，各有一家顓學習之，故曰五家。」天官書及索隱。是也。或以黃帝與顓頊、夏、殷、周、魯爲六家當之，非是。律曆志曰：「太史令張壽王及待詔李信治黃帝調曆。壽王言太初曆虧四分日之三，去小餘七百五分。」錢大昕曰：「黃帝六家之術，大略皆與四分同。四分以九百四十爲日法。九百四十之七百五，正四分之三也。」三統術衍。劉師培曰：「黃帝、三統、殷、周、魯各曆，均從周正。」古曆管窺上。

顓頊曆二十一卷。

亡。劉師培曰：「顓頊曆及夏曆均從夏正。」古曆管窺上。

顓頊五星曆十四卷。

亡。劉師培曰：「秦及漢初並用顓頊曆。」古曆管窺下。

日月宿曆十三卷。

亡。

夏殷周魯曆十四卷。

亡。

天曆大曆十八卷。

亡。

漢元殷周諜曆十七卷。

亡。沈欽韓曰：「此以漢元上推殷、周，猶後志言四分曆起於孝文皇帝後元三年，歲在庚辰，上四十五歲，歲在乙未，則漢興元年也。又上二百七十五歲，歲在庚申，則孔子獲麟也。」疏證。蓋猶今之言紀元前也。耶穌紀元前，民國紀元前。王先謙曰：「諜曆當爲曆諜之誤。」

諜，譜第也。

耿昌月行帛圖二百三十二卷。

亡。帛圖，蓋記之於帛者。中國最重月，故專門精考，且卷帙如此其多矣。

耿昌月行度二卷。

亡。耿壽昌見後書律曆志。王先謙曰：「食貨志稱壽昌善爲算，昌蓋其字。」

傳周五星行度三十九卷。

亡。王念孫曰：「傳當爲傳。」上姓下名也。

律曆數法三卷。

亡。四分曆以九百四十爲日法，小餘七百五分。武帝時，造爲以律起曆，黄鐘九九八十一爲日法，以消餘分，適盡無餘。律曆志曰：「唐都分天部，而落下閎運算曆，其法以律起曆。」案此即太初曆，亦即三統曆。

自古五星宿紀三十卷。

亡。沈欽韓曰：「律曆志：『劉向總六曆，列是非，作五紀論。』此蓋其類。」

太歲謀日晷二十九卷。

亡。王引之曰：「謀當爲諜。」沈欽韓曰：「律曆志：『議造漢曆，乃定東西，立晷儀。』」

帝王諸侯世譜二十卷。

亡。葉德輝曰：「隋志有世本王侯大夫譜，疑即此書。」

古來帝王年譜五卷。

亡。沈欽韓曰：「隋志：『漢初得世本，敘黄帝以來祖世所出。而漢又有帝王年譜。』」

日晷書三十四卷。

亡。

許商算術二十六卷。

疑。溝洫志曰：「博士許商善爲算，能度功用。」亦見儒林傳。蓋其書與今存九章算術有關，不能鑿指耳。

杜忠算術十六卷。

疑。廣韻曰：「有九章術，漢許商、杜忠，吳陳熾、魏王粲並善之。」去聲二十九換。沈欽韓曰：「此許商、杜忠所爲，即是九章術。志舉人名以包之，遂令後人疑惑耳。後書馬續、鄭玄並善九章算術，明許、杜等非別一書也。」疏證。然今固不能指定九章算術一書，於許、杜兩家孰當也。

右曆譜十八家，六百六卷。

今計十八家，五百六十六卷，少四十卷。

曆譜者，序四時之位，正分至之節，會日月五星之辰，以考寒暑殺生之實。故聖王必正曆數，以定三統服色之制，又以探知五星日月之會。凶阸之患，吉隆之喜，其術皆出焉。此聖人知命之術也。非天下之至材，其孰與焉！○師古曰：「與讀曰豫。」

堯命舜曰：「天之曆數在爾躬。」堯典載命羲、和四子，舜在璇璣玉衡，詳矣。劉歆作三統曆及譜，三代各據一統，天統子，地統丑，人統寅，詳律曆志。知命之術者，仲尼上律天時，著之春秋，故論語曰「不知命，無以爲君子」矣。

道之亂也，患出於小人而强欲知天道者，壞大以爲小，削遠以爲近，是以道術破碎而難知也。

小人蓋指張壽王之徒，見律曆志。

以上曆譜

泰一陰陽二十三卷。

亡。

黄帝陰陽二十五卷。

亡。

黄帝諸子論陰陽二十五卷。

亡。

諸王子論陰陽二十五卷。

亡。

太元陰陽二十六卷。

亡。

三典陰陽談論二十七卷。

亡。

神農大幽五行二十七卷。

亡。馬國翰輯神農書，兼采不分。

四時五行經二十六卷。

亡。

猛子閭昭二十五卷。

亡。

陰陽五行時令十九卷。

亡。

堪輿金匱十四卷。○師古曰：「許慎云：『堪，天道，輿，地道也。』」

亡。鄭玄曰：「堪輿雖有郡國所入度，非古數也。今其存者，十二次之分野也。」周官保章氏注。此漢人所傳堪輿之説也。今俗謂風水家曰堪輿。

務成子災異應十四卷。

亡。

十二典災異應十二卷。

亡。

鍾律災異二十六卷。

亡。沈欽韓曰：「此蓋京房之術。」見後書律曆志。

鍾律叢辰日苑二十三卷。

亡。叢辰見史記日者傳。今亦略見協紀辨方。

鍾律消息二十九卷。

亡。

黄鍾七卷。

亡。

天一六卷。

亡。淮南子曰：「天神之貴者，莫貴於青龍，或曰天一，或曰太陰。太陰所居，不可背而可向。」天文訓。

泰一二十九卷。

亡。沈欽韓曰：「乾鑿度，太一取其數以行九宫。」陶憲曾曰：「説文甲部引太一經曰：『頭玄爲甲。』疑出此書。」

刑德七卷。

亡。淮南子曰：「日爲德，月爲刑，月歸而萬物死，日至而萬物生。」又曰：「陰陽刑德有七舍，何謂七舍？室、堂、庭、門、巷、術、野。」天文訓。文繁不具録。

風鼓六甲二十四卷。

亡。李賢曰：「遁甲，推六甲之陰而隱甲也。今書七志有遁甲經。」後書方術傳注。王先謙曰：「遁甲演於風后，風鼓疑風后之譌。」

風后孤虚二十卷。

亡。史記曰：「日辰不全，故有孤虚。」裴駰曰：「甲乙謂之日，子丑謂之辰。六甲孤虚注：甲子旬中無戌亥，戌亥即爲孤，辰巳即爲虚。甲戌旬中無申酉，申酉爲孤，寅卯即爲虚。甲申旬中無午未，午未爲孤，子丑即爲虚。甲午旬中無辰巳，辰巳爲孤，戌亥即爲虚。甲辰旬中無寅卯，寅卯爲孤，申酉即爲虚。甲寅旬中無子丑，子丑爲孤，午未即爲虚。」龜策傳及集解。

六合隨典二十五卷。

亡。玄女兵法曰：「三奇六合主威軍士。」御覽三百二十八引。六合者，子與丑合，寅與亥合，卯與戌合，辰與酉合，巳與申合，午與未合也。

轉位十二神二十五卷。

亡。淮南子曰：「太陰在寅，朱鳥在卯，句陳在子，玄武在戌，白虎在酉，蒼龍在辰。寅爲建，卯爲除，辰爲滿，巳爲平，主生。午爲定，未爲執，主陷。申爲破，主衡。酉爲危，主杓。戌爲成，主少德。亥爲收，主大德。子爲開，主太歲。丑爲閉，主太陰。」天文訓。論衡曰：「十二神登明從魁子輩。」難歲篇。

羨門式法二十卷。

亡。

羨門式二十卷。

亡。此與羨門式法蓋同名同卷數而不同書，特奪去一法字以爲別者。史記曰：「分策定卦，旋式正棋。」日者傳。鄭司農曰：「抱式以知天時。」周禮太史注。

文解六甲十八卷。

亡。

文解二十八宿二十八卷。

亡。

五音奇胲用兵二十三卷。◯如淳曰：「音該。」師古曰：「許慎云：『胲，軍中約也。』」

亡。胲、侅、咳、賌古字通。奇胲者，非常也，師古說非也。王念孫讀書雜志曰：「說文，奇胲，非常也。淮南兵略訓：『明於奇賌陰陽刑德五行，望氣候星，龜策機祥。』高注：『奇賌，陰陽奇秘之要，非常之術。』史記倉公傳：『受其脈書上下經五色診，奇咳術。』然則奇侅者，非常也。侅，正字也，胲、咳、賌皆借字耳。脈法之有五色診、奇侅術，皆言其術之非常也。顏以奇胲用兵四字連文，遂以胲爲軍中約，不知軍中約之字，自作該，非奇胲之義。且奇胲二字，同訓爲非常，若以賌爲軍中約，則與奇字義不相屬矣。」

五音奇胲刑德二十一卷。

亡。淮南子曰：「明於刑德奇賌之數。」兵略訓。即此奇胲刑德。

五音定名十五卷。

亡。論衡曰：「五音之家，用口調姓名及字，用姓定其名，用名正其字。口有張歙，聲有內外，以定五音。」詰術篇。今日本此術猶流行。

右五行三十一家，六百五十二卷。

今計三十一家，六百五十三卷，多一卷。

五行者，五常之形氣也。書云：「初一曰五行，次二曰羞用五事。」○師古曰：「周書洪範之辭也。」言進用五事以順五行也。貌、言、視、聽、思心失，而五行之序亂，五星之變作，皆出於律曆之數而分爲一者也。○師古曰：「說皆在五行志也。」其法亦起五德終始，推其極則無不至。

說苑曰：「常者質。」修文篇。莊子曰：「天地，形之大者也。陰陽，氣之大者也。」則陽篇。蓋五行家以宇宙形氣，剖分五原質，而以推論世運之遷流，然其術有驗有不驗，則亦等之於空言矣。五德終始見前陰陽家。沈約曰：「五德更王，有二家之說。鄒衍以相勝立體，劉向以相生爲義。」

而小數家因此以爲吉凶，而行於世，寖以相亂。○師古曰：「寖，漸也。」

小數家如後世風水、行年推命之屬。

以上五行

龜書五十二卷。

亡。史記龜策傳所載，蓋其大略也。

夏龜二十六卷。

亡。夏后開使蜚廉采金於山，鑄鼎於昆吾。使翁難乙灼白若之龜，繇曰：「逢逢白雲，一南一北，一東一西。九鼎既成，遷於三國。」墨子耕柱篇。劉師培說夏龜書即連山，未確。

南龜書二十八卷。

亡。周官龜人：「南龜曰獵屬。」史記曰：「余至江南，觀其行事，問其長老，云龜千歲，乃游蓮葉之上。廬江郡常歲時生龜長尺二寸者二十枚輸太卜官。」史記龜筴傳。劉師培曰：「漢志夏龜二十六卷，南龜二十八卷，南商形近，南疑商訛。此即桓譚新論所謂連山、歸藏也。」連山歸藏考見中國學報第二册。然新論明云「連山八萬言，歸藏四千三百言。」御覽百八十引。使夏龜、南龜書果即連山、歸藏，不應夏龜卷帙反減於南龜書，則劉説未爲確也。

巨龜三十六卷。

亡。

雜龜十六卷。

亡。

蓍書二十八卷。

亡。

周易三十八卷。

亡。六藝略有易經十二篇，此蓍龜家復有周易三十八卷，明其書不同也。晋書束皙傳言：「汲冢得易經二篇，與周易上下經同。易繇陰陽卦二篇，與周易略同，繇辭則異。卦下易經一篇，似説卦而異。」由是言之，則古蓋繇辭别爲一書。故左氏傳引易繇辭，亦多不在今存易中，或當在此蓍龜家之周易三十八卷中歟？

周易明堂二十六卷。

亡。

周易隨曲射匿五十卷。

亡。東方朔傳曰：「使諸數家射覆，朔自贊曰：臣嘗受易，請射之。」

大筮衍易二十八卷。

亡。

大次雜易三十卷。

亡。

鼠序卜黃二十五卷。

亡。抱朴子曰：「鼠壽三百歲，滿百歲則色白，善憑人而卜，名曰仲。」對俗篇。

於陵欽易吉凶二十三卷。

亡。於陵，姓；欽，名。

任良易旗七十一卷。

亡。任良當即京房弟子，見房傳。

易卦八具。

亡。少牢禮：「卦以木，卒筮，乃書卦於木。」鄭玄曰：「每一爻畫地以識之，六爻備書於版。」然則易卦八具，蓋其版之數也。

右蓍龜十五家，四百一卷。

今計十五家，四百八十五卷，其卦八具，以八計也，多八十四卷。

蓍龜者，聖人之所用也。書曰：「女則有大疑，謀及卜筮。」◯師古曰：「周書洪範之辭也。言所爲之事有疑，則以卜筮決之也。龜曰卜，蓍曰筮。」易曰：「定天下之吉凶，成天下之亹亹者，莫善於蓍龜。」「是故君子將有爲也，將有行也，問焉而以言，其受命也如嚮，無有遠近幽深，遂知來物。非天下之至精，其孰能與於此！」◯師古曰：「皆上繫之辭也。亹亹，深遠也。言君子所爲行，皆以其言問於易。受命如嚮者，謂示以吉凶，其應速疾，如響之隨聲也。遂猶究也。來物謂當來之事也。嚮與響同。與讀曰豫。」及至衰世，解於齊戒，而婁煩卜筮，◯師古曰：「解讀曰懈。齊讀曰齋。婁讀曰屢。」神明不應。故筮瀆不告，易以爲忌；◯師古曰：「易蒙卦之辭曰『初筮告，再三瀆，瀆則不告』，言童蒙之來決疑，初則以實而告，至于再三，爲其煩瀆，乃不告也。」龜厭不告，詩以爲刺。○師古曰：「小雅小旻之詩曰『我龜既厭，不我告猶』，言卜問煩數，媟嫚於龜，龜靈厭之，不告以道也。」

此多引書、易、詩之詞，而易繫尤孔子之詞也。老子曰：「能無卜筮，而知吉凶乎？」莊子庚桑楚篇。則此老賢於仲尼遠矣。

以上蓍龜

黃帝長柳占夢十一卷。

亡。帝王世紀曰黃帝因夢求得風后、力牧，「因著占夢經十一卷。」史記五帝本紀正義引。

甘德長柳占夢二十卷。

亡。即占星之甘公，見天官書。

武禁相衣器十四卷。

亡。武禁，人姓名。論衡曰：「裁衣有書，凶日製衣有禍，吉日有福。」譏日篇。

嚏耳鳴雜占十六卷。○師古曰：「嚏音丁計反。」

亡。今玉匣記有載之。

禎祥變怪二十一卷。

亡。中庸疏曰：「本有今異曰禎，本無今有曰祥。」

人鬼精物六畜變怪二十一卷。

亡。管子水地篇、小問篇，莊子達生篇，咸言怪物。隋志有白澤圖，蓋去草昧未遠，戾氣猶多，而非所語於開明之世也。

變怪誥咎十三卷。

亡。周官太祝六辭，三曰誥。曹子建有誥咎文。誥，告於神也。咎，自刻責也。

執不祥劾鬼物八卷。

亡。抱朴子曰：「神仙集中有劾神劾鬼之法。」神化篇。今道士有劾禁之術。

請官除訞祥十九卷。◯師古曰「訞字與妖同。」

亡。

禳祀天文十八卷。◯師古曰：「禳，除災也。音人羊反。」

亡。齊景公睹彗星，召柏常騫使禳去之。晏子諫篇。葉德輝曰：「說文：『禜，設緜蕝爲營，以禳風雨雪霜水旱癘疫於日月星辰山川也。』此即禳祀天文之遺法。」今道士有齋醮之術，俗曰打醮。打即禳字古音。

請禱致福十九卷。

亡。隋志梁有董仲舒請禱圖。仲舒禱詞見周禮太祝注、春秋繁露郊祀篇。

請雨止雨二十六卷。

亡。董仲舒求雨止雨篇，後書輿服志注亦引其書。

泰壹雜子候歲二十二卷。

亡。候歲，占歲也。

子贛雜子候歲二十六卷。

亡。葉德輝曰：「此蓋因子貢貨殖，依託而作。」

五法積貯寶藏二十三卷。

亡。此不入農家，以占候爲主。越絶書内經曰：「人之生無幾，必先憂積蓄，以備妖祥。」

神農教田相土耕種十四卷。

亡。不入農家，亦主占候。馬國翰有神農書輯本，兼采不别。

昭明子釣種生魚鼈八卷。

亡。亦農書之主占候者。齊民要術引陶朱公養魚經。馬國翰有輯本。

種樹臧果相蠶十三卷。

亡。亦農書之主占候者。沈欽韓曰：「齊民要術有栽樹篇，食經有種名果法、作乾棗法、蜀中藏梅法、藏乾栗法、藏柿法、藏木瓜法。」

右雜占十八家，三百一十三卷。

今計十八家，三百一十二卷，少一卷。

雜占者，紀百事之象，候善惡之徵。○師古曰：「徵，證也。」易曰：「占事知來。」○師古曰：「下繫之辭也。言有事而占，則睹方來之驗也。」衆占非一，而夢爲大，故周有其官。○師古曰：「謂太卜掌三夢之法，又占夢中士二人，皆宗伯之屬官。」而詩載熊羆虺蛇衆魚旐旟之夢，著明大人之占，以考吉凶，○師古曰：「小雅斯干之詩曰：『吉夢維何？維熊維羆，男子之祥；維虺維蛇，女子之祥。』無羊之詩曰：『牧人乃夢，衆維魚矣，旐維旟矣。大人占之，衆維魚矣，實維豐年，旐維旟矣，室家溱溱。』言能羆虺蛇皆爲吉祥之夢，而生男女。及見衆魚，則爲豐年之應，旐旟則爲多盛之象。大人占之，謂以聖人占夢之法占之也。畫龜蛇曰旐，鳥隼曰旟。」蓋參卜筮。春秋之說訞也，曰：「人之所忌，其氣炎以取之，訞由人興也。人失常則訞興，人無釁焉，訞不自作。」○師古曰：「申繻之辭也，事見莊公十四年。炎謂火之光始錟錟也。言人之所忌，其氣錟引致於災也。釁，瑕也。失常，謂反五常之德也。炎讀與錟同。」故曰：「德勝不祥，義厭不惠。」

○師古曰：「厭音伊葉反。惠，順也。」桑穀共生，大戊以興；鴝雉登鼎，武丁爲宗。○師古曰：「說在郊祀、五行志。」然惑者不稽諸躬，而忌訞之見，○師古曰：「稽，考也，計也。」是以詩刺「召彼故老，訊之占夢。」○師古曰：「小雅正月之詩也。故老，元老也。訊，問也。言不能修德以禳災也，但問元老以占夢之吉凶。」傷其舍本而憂末，不能勝凶咎也。

傳曰：「妖由人興，德勝不祥。」則雜占諸書，可以無作。若種樹漁蠶，固與雜占不類矣。

以上雜占

山海經十三篇。

存。章宗源謂班志雖取七略而時有異者，見前引。甚塙。故七略校定山海經十八篇，而班志獨十三篇，亦其一也，蓋棄大荒經以下五篇不計也。據劉歆、山海經敘録。王充、論衡談天篇。趙曄吳越春秋卷六。皆云「禹，益作山海經」，其書頗似禹貢，當作在舜世禹治水之時也。惟五臧山經後有禹曰天下名山云云，亦見管子地數篇，又見僞列子湯問篇。確爲禹、益作。郝懿行以此禹曰及中次三經青要之山，言「南望墠堵，禹父之所化」，疑非禹書。此不知古人作書之例，若以史記稱太史公、褚先生例之，可爽然自失矣。海外以下等經，則非禹益書，多爲圖說之辭，其圖蓋即禹鼎。左宣三年王孫滿說。海外海内二經，有周時說山海圖之文，以其有湯、文王葬所也；又有漢所傳圖，以其有餘暨、彭澤、朝陽、淮浦等漢縣也。大荒經以下五篇，則更爲釋海内海外二經之文，本不在漢志十三篇，又無劉歆校進款識，其文體亦爲圖説，當爲漢時所傳之圖，出劉歆等所述也。後人往往據圖説雜出周、漢地名，以疑此經。顔之推所謂「山海經，禹、益所記，而有長沙、零陵、桂楊、諸暨」，顔氏家訓書證篇。此由未嘗分别觀之也。若司馬遷曰：「禹本紀、山海經所有怪物，余不敢言也。」史記大宛傳。案近有妄人史記探原，謂大宛傳此文直録漢書張騫李廣利傳，不知論衡談天篇明引太史公曰禹本紀云云，論衡書成於漢書之前，是亦豈録漢書耶？其妄不容辨矣。則世本、山經皆古史，此老乘時趨勢，不信古史而欲考信於六藝，故有此違心之論也。清四庫小説類著録。清畢沅山海經校本、郝懿行箋疏，俱善。

國朝七卷。

亡。沈欽韓曰：「隋志：『劉向略言地域，丞相張禹使屬朱貢條記風俗，班固因之作地理志。』國朝者，疑此是也。」

宫宅地形二十卷。

亡。論衡有言圖宅術。詰術篇。

相人二十四卷。

亡。荀子有非相篇，近世亦有骨相學。

相寶劍刀二十卷。

亡。吕覽有相劍説。愛類篇。

相六畜三十八卷。

亡。史記曰：「黄直丈夫也，陳君夫婦人也，以相馬立名。」日者傳。後書馬援上表亦述此事。

右形法六家百二十二卷。

今計家數卷數悉符。

形法者，大舉九州之勢以立城郭室舍形，人及六畜骨法之度數、器物之形容以求其聲氣貴賤吉凶。猶律有長短，而各徵其聲，非有鬼神，數自然也。然形與氣相首尾，亦有有其形而無其氣，有其氣而無其形，此精微之獨異也。

此以形氣言相，非專門名家難言之，然以山海經次其間，則其駁也。

以上形法

凡數術百九十家，二千五百二十八卷。

都計天文二十一家四百四十五卷，曆譜十八家六百六卷，五行三十一家六百五十二卷，蓍龜十五家四百一卷，雜占十八家三百一十三卷，形法六家百二十二卷，合得百九十家二千五百三十九卷，多十一卷。

數術者，皆明堂羲和史卜之職也。史官之廢久矣，其書既不能具，雖有其書而無其人。易曰：「苟非其人，道不虛行。」○師古曰：「下繫之辭也。言道由人行。」春秋時魯有梓慎，鄭有裨竈，晉有卜偃，宋有子韋。六國時楚有甘公，魏有石申夫。漢有唐都，庶得麤觕。○師古曰：「觕，粗略也，音才户反。」蓋有因而成易，無因而成難，故因舊書以序數術爲六種。

此明數術之學，出於古史。史記曆書：「疇人子弟。」則今之江湖醫卜星相之流，皆其苗裔也。然其授受，比諸古史世傳，則又迴異也。梓慎、襄十五年。裨竈、襄二十八年。卜偃閔元年。見左傳，子韋見前陰陽家，甘公、石申夫詳天文志，史記天官書作石申。案後書郎顗傳注、法言五百篇李軌注，俱作石申夫。唐都詳律曆志。

七　方技略

黄帝内經十八卷。

殘。張仲景曰：「撰用素問。」玉海六十三。皇甫謐曰：「七略、藝文志黄帝内經十八卷，今有鍼經九卷，素問九卷，二九十八卷，即内經也。」甲乙經序。王冰曰：「内經十八卷，素問即其經之九卷也，兼靈樞九卷，迺其數焉。」内經素問序。林億曰：「素問第七卷亡。天元紀大論、五運行大論、六微旨論、氣交變論、五常政論、天元正紀論、至真要論七篇，與素問略不相通，疑此乃陰陽大論之文，王冰取以補所亡之卷。」王應麟曰：「館閣書目黄帝鍼經九卷，八十一篇，與靈樞經同。鍼經以九鍼十二原爲首，靈樞以精氣爲首，間有詳略。」考證。蓋王冰頗有變更内經篇次，隋志謂之鍼經，唐志謂之九靈經，既王冰謂之靈樞，則靈樞自屬王本。今則靈樞亡，而以鍼經爲靈樞矣。

外經三十七卷。

亡。

扁鵲内經九卷。

亡。千金方外壹秘要皆有引扁鵲法，或爲此内外經之遺文。

外經十二卷。

亡。千金方等引扁鵲語，皆不見今傳扁鵲難經，難經固非扁鵲書也。當别論之。

白氏内經三十八卷。

亡。

外經三十六卷。

亡。

旁篇二十五卷。

亡。

右醫經七家，二百一十六卷。

今計七家，百七十五卷，少四十一卷。

醫經者，原人血脈經絡骨髓陰陽表裏，以起百病之本，死生之分，而用度箴石湯火所施，○師古曰：「箴，所以刺病也。石謂砭石，即石箴也。古者攻病則有砭，今其術絶矣。箴音之林反，砭音彼廉反。」調百藥齊和之所宜。◯師古曰：「齊音才詣反，其下並同。和音呼臥反。」至齊之得，猶慈石取鐵，以物相使。拙者失理，以瘉爲劇，以生爲死。◯師古曰：「瘉讀與愈同。愈，差也。」

當今醫科之病理學等書。砭石，則石器時代所用之遺也。

以上醫經

五藏六府痺十二病方三十卷。◯師古曰：「痺，風溼之病，音必二反。」

亡。

五藏六府疝十六病方四十卷。◯師古曰：「疝，心腹氣病，音山諫反，又音刪。」

亡。

五藏六府癉十二病方四十卷。◯師古曰：「癉，黄病，音丁韓反。」

亡。

風寒熱十六病方二十六卷。

亡。

泰始黃帝扁鵲俞拊方二十三卷。〇應劭曰：「黃帝時醫也。」師古曰：「拊音膚。」

亡。史記曰：「上古之時，醫有俞拊。」扁鵲傳。說苑曰：「上古之爲醫者曰苗父，中古之爲醫者曰俞拊。」辯物篇。鄭玄曰：「脈之大候，要在陽明寸口，能專是者其惟秦和乎，岐伯、揄拊則兼彼數術者。」周禮疾醫注。

五藏傷中十一病方三十一卷。

亡。

客疾五藏狂顛病方十七卷。

亡。

金創瘲瘛方三十卷。〇服虔曰：「音瘳引之瘳。」師古曰：「小兒病也。瘛音充制反，瘲音子用反。」

亡。王念孫曰：「顏注瘛音在前，瘲音在後，則瘲瘛當爲瘛瘲。說文瘛，小兒瘛瘲也。諸書皆言瘛瘲，無言瘲瘛者。」沈欽韓曰：「靈樞注，瘛瘲者，熱極生風也。」

婦人嬰兒方十九卷。

亡。

湯液經法三十二卷。

亡。素問有湯液論。

神農黄帝食禁七卷。

疑。本草見平帝紀、樓護傳。孫星衍曰：「食禁，食藥之訛。」問字堂集神農本草經序。葉德輝曰：「康賴醫心方二十九引本草食禁云，正月一切肉不食者吉，二月寅食不吉，五月五日不食麞鹿一切肉，即此書也。疑古本附本草後，故云本草食禁。醫師疏以禁爲藥，誤。」康賴，日本人，當中國北宋時。葉說似較長。

右經方十一家，二百七十四卷。

今計十一家，三百五卷，多三十一卷。

經方者，本草石之寒温，量疾病之淺深，假藥味之滋，因氣感之宜，辯五苦六辛，致水火之齊，以通閉解結，反之於平。及失其宜者，以熱益熱，以寒增寒，精氣内傷，不見於外，是所獨失也。故諺曰：「有病不治，常得中醫。」

錢大昭曰：「今吴人猶云不服藥爲中醫。」漢書辨疑。然此醫師之失也。近世海通，醫藥流行。説者曰動物性浮揚，礦物性沉降，植物性中和，故西人食物以動物爲主，病則藥多金石，而相劑其平，然其藥不可久服；東方人以食植物爲主，故病則多草根木皮之藥，然亦多可久餌者，理或然歟。大抵今存張仲景傷寒論，猶多存三古遺方。日本人精於醫，謂其書實可治一切病，并西醫所不能治之病亦能治之云。如肺癆病之類。

以上經方

容成陰道二十六卷。

亡。容成公法，見後書方術泠壽光傳，然邪道也。

務成子陰道三十六卷。

亡。

堯舜陰道二十三卷。

亡。

湯盤庚陰道二十卷。

亡。

天老雜子陰道二十五卷。

亡。

天一陰道二十四卷。

亡。

黄帝三王養陽方二十卷。

亡。論衡曰：「素女對黄帝，陳五女之法，非徒傷父母之身，乃又賊男女之性。」命義篇。其說是也。蓋此類邪術，盛於西京之末。故王莽嘗昏行其事，實漢史之汙點也。

三家内房有子方十七卷。

亡。

右房中八家，百八十六卷。

今計八家，百九十一卷，多五卷。

房中者，情性之極，至道之際，是以聖王制外樂以禁内情，而爲之節文。傳曰：「先王之作樂，所以節百事也。」樂而有節，則和平壽考。及迷者弗顧，以生疾而隕性命。

千金方中，尚略存房中術。今世有哲嗣學，比其文明不可以道里計矣。

以上房中

宓戲雜子道二十篇。

亡。

上聖雜子道二十六卷。

亡。

道要雜子十八卷。

亡。

黃帝雜子步引二十卷。

亡。

黃帝岐伯按摩十卷。

亡。沈欽韓曰：「韓詩外傳子游按摩。趙岐孟子注折枝者，按摩，折手節解罷枝也。抱朴子遐覽篇，按摩經導引經十卷。唐六典太醫令屬官按摩博士一人，置按摩師，按摩丁佐之，教按摩生。」疏證。今日本瞽人多以按摩爲業，即由唐世傳往者。

黃帝雜子芝菌十八卷。◯師古曰：「服餌芝菌之法也。菌音求閔反。」

亡。芝菌多有毒者，古人服之，其愚不可瘳。

黃帝雜子十九家方二十一卷。

亡。

泰壹雜子十五家方二十二卷。

亡。

神農雜子技道二十三卷。

亡。

泰壹雜子黃治三十一卷。◯師古曰：「黃冶，釋在郊祀志。」

亡。抱朴子有黃白篇。

右神僊十家，二百五卷。

今計十家，二百一卷，少四卷。

神僊者，所以保性命之真，而游求於其外者也。聊以盪意平心，同死生之域，◯師古曰：「盪，滌。一曰盪，放也。」而無怵惕於胸中。然而或者專以爲務，則誕欺怪迂之文彌以益多，◯師古曰：「誕，大言也。迂，遠也。」非聖王之所以教也。孔子曰：「索隱行怪，後世有述焉，吾不爲之矣。」◯師古曰：「禮記載孔子之言。索隱，求索隱暗之事，而行怪迂之道，妄令後人有所祖述，非我本志。」

神僊保性命之真，而游求於其外，聊以盪意平心，同死生之域，此佛氏優爲之，故歷朝正史多以佛氏入方技傳。道家失真，乃言金丹。詳續道藏。不知史記商鞅傳曰：「反聽之謂聰，内視之謂明。」後書王允傳曰：「夫内視反聽，則忠臣竭誠。」由此言之，則所謂收視反聽者，收視反聽一語，亦見鬼谷子。本君相大官之術，何金丹之云哉。

以上神僊

凡方技三十六家，八百六十八卷。

都計醫經七家二百一十六卷，經方十一家二百七十四卷，房中八家百八十六卷，神僊十家二百五卷，合得三十六家八百八十一卷，多十三卷。

方技者，皆生生之具，王官之一守也。太古有岐伯、俞拊，中世有扁鵲、秦和，○師古曰：「和，秦醫名也。」蓋論病以及國，原診以知政。○師古曰：「診，視驗，謂視其脈及色候也。診音軫，又音丈刃反。」漢興有倉公，今其技術晻昧，○師古曰：「晻與暗同。」故論其書，以序方技爲四種。

晉語趙文子曰：「醫及國家乎？」秦和對曰：「上醫醫國，其次疾，固醫官也。」蓋古醫字亦作毉，上世從巫史社會而來，故醫通於治國之道耳。

見存百家真僞書表

真	僞	疑
晏子 子思在小戴記。 曾子在大戴禮。 公孫尼子在小戴記。 孟子 孫卿子即荀子。 陸賈即新語。 賈誼即賈誼新書。 桓寬鹽鐵論		

續表

真	劉向所序新序、説苑、列女傳。 揚雄所序太玄、法言、箴。 鬻子 筦子即管子。 老子 莊子 黃帝銘 商君 慎子 韓子即韓非子。
僞	文子 關尹子 列子
疑	六韜宋元豐間删定本。 鶡冠子

續表

真	僞	疑
公孫龍子 墨子 蘇秦即鬼谷子。 吕氏春秋 淮南内即淮南子。 東方朔 屈原賦 宋玉賦 莊夫子賦 賈誼賦 枚乘賦 司馬相如賦	尹文子	鄧析即鄧析子。 伍子胥疑在越絶書。

續表

真	淮南王賦 淮南王群臣賦 上所自造賦 劉向賦 王褒賦 司馬遷賦 揚雄賦 孫卿賦 高祖歌 泰一雜甘泉壽宮歌詩 宗廟歌詩
僞	太常蓼侯孔臧賦
疑	漢興以來兵所誅滅歌詩 出行巡狩及游歌詩 李夫人及幸貴人歌詩

續表

真	吴孫子即孫子。 尉繚 山海經 黄帝内經
僞	
疑	吴楚汝南歌詩 邯鄲歌詩 黄門倡車忠等歌詩 吴起即吴子。 龐煖疑在鶡冠子。 圖書秘記 許商算術 杜忠算術 神農黄帝食禁疑本草。

右表但依隋後經籍志爲之，非以釋本書也。上古世官，三代同之，周衰失職，夷爲九流，漢世兵家數術方技猶在王官，不如後世之盡失職也。故劉、班於諸子略但言出於古官者不同，於兵家則曰王官之武備，於醫家則曰王官之一守，是顯有政教之判也。故隋志曰：「儒道小說，聖人之教。兵及醫方，聖人之政。」可謂知言已。

大凡書，六略三十八種，五百九十六家，萬三千二百六十九卷。入三家五十篇，省兵十家。

六略者，論衡曰：「六略之録，萬三千篇。」案書篇。蓋歆所撰，雖名七略，其輯略即彙別群書，標列恉趣，若志之小序，實止有六略耳。沈欽韓說。梁七録引本志此條二百作三百，然總覈前載六藝一百三家，三千一百二十三篇；諸子八十九家，四千三百二十四篇；詩賦百六家，千三百一十八篇；兵書五十三家，七百九十篇，圖四十三卷；術數百九十家，二千五百二十八卷；方技三十六家，八百六十八卷，合計六百七十七家，一萬二千九百九十四篇，與此云五百九十六家，萬三千二百六十九卷較之，卷即篇也，家數則多八十一家，篇數則少九百九十四篇，大有逕庭也。惟七略曰：「書三十八種，六百三家，一萬三千二百一十九卷。」此及七録俱見廣宏明集。以較班志，實多七家。班自注入三家，省兵十家，以較七略，實少七家。故七略六百三家，班志五百九十六家，尚足以兩相取證，而篇數則亦難考也。又自隋志誤言七略大凡三萬三千九十卷，通考同。舊唐志復言漢藝文志載三萬三千九百卷，不足論矣。陶憲曾曰：「三家者，劉向、揚雄、杜林三家也。五十篇者，書入劉向稽疑一篇，小學入揚雄、杜林二家三篇，儒家入揚雄三十八篇，賦入揚雄八篇，凡五十篇，皆班氏所新入也。若禮入司馬法，技巧入蹵鞠，本在七略之內，互相出入，故於此不數也。」王氏補注。省兵十家，見前。漢志而後，浸成四部，非本書所及論。

附録一　黄侃七略四部開合異同表

劉歆七略	荀勖四志	王儉七志	阮孝緒七録	隋書經籍志四部
六藝，諸子，詩賦，兵書，方技，術數。其輯略一種乃諸書之總要，漢書藝文志每類緒論之文，大抵采此。	甲部　紀六藝及小學。	經典　六藝、小學、史記、雜傳。	經典　六藝。	經　十種，六藝、經緯。
	乙部　有諸子家，及近世子家、兵書、兵家、術數。	諸子　今古諸子	記傳　史傳。	史　十三種，史之所記。
	丙部　有史記、舊事、皇覽簿、雜事。	文翰　詩賦。	子兵　子書，兵書。	子　十四種，諸子。
	丁部　有詩賦、圖讚、汲冢書。	軍書　兵書。	文集　詩賦。	集　三種。
		陰陽　陰陽及圖緯。	技術　數術。	道經，佛經。
		術藝　方技。	佛	
		圖譜　地域及圖書。道佛附，合九條。	道	

附録二　漢書藝文志講疏索引

姜俊俊　編

漢書藝文志索引説明

一、本索引祇收録《漢書·藝文志》及顔注中所列出的六略三十八門類中的書名和作者。至於在每種門類之後的小序或每略之後的總序中所出現的書名和人名則不予收録。

二、本索引采用四角號碼檢字法編排。先取條目第一字的四角號碼及附角爲序；第一字號碼相同者，再取第二、第三……字的號碼爲序，但第二字祇標出左上角和右上角兩個號碼；從第三字起依暗碼排列，不再標出。

書名索引

人名索引

① 此作人名據顧炎武説。一説栩陽是地名，“别”是“離别”之意。